KB133571

시네마 인도

**볼리우드 영화를
재밌게 즐기기 위한
사람, 문화 그리고 역사**

CINEMA INDIA

시네마 인도

볼리우드 영화를
재밌게 즐기기 위한
사람, 문화 그리고 역사

빠르데시(최종천)

한 나라의 영화가 실제 그 나라의 모습을 모두 담아낼 수 있을까? 대답은 "No!"다. 그래, 영화라는 제한된 매체만을 통해 한 나라를 이해한다는 것은 매우 무모한 일이다. 특히 인도처럼 다양한 민족과 문화가 공존하는 나라의 경우는 아마도 그들의 역사와 문화, 생활을 시공간적 제약이 있는 영화 한두 편으로 이해하기란 거의 불가능할 것이다.

하지만 영화는 그 시대 그 나라 사람들의 문화와 사상과 생활상을 담고 있다. 비록 영화가 모든 생활상을 세세하게 설명하지는 못하더라도 그 사회를 좀 더 가깝게 들여다 볼 수 있는 방법이라고 믿는다. 영화는 가보지도 살아보지도 못한 나라를 이해하는 완벽한 설명서가 되지는 못하겠지만, 수박 겉핥기식으로라도 그 나라를 더 잘 알게 되는 좋은 도구가 되어준다.

그런 면에서 인도 영화는 내게 인도라는 나라에 대한 흥미를 갖게 해주었다. 오랫동안 수많은 인도 영화를 보면서 자연스럽게 영화 속에 묘사된 인도 문화에 관심을 갖게 되었고, 관련된 다양한 책들을 읽거나 새로운 소식들을 직접 찾아보기도 했다. 그러자 인도 영화가 내 생각보다 훨씬 더 좋은, 인도를 이해하는 매개체가 된다는 사실을 깨달았다.

인도는 동경과 신비함을 가진 미지의 나라다. 해외여행이 자유로워진 지금도 인도라는 나라는 우리에게 생소한 것이 사실이다. 솔직히 말해서 인도 여행을 간 사람이 아무리 많다고 하더라도 중국이나 일본 여행객들의 수와는 비교도 안 된다. 인도 영화도 이와 비슷하다. 내가 처음 인도 영화를 접했던 2001년에 비해 지금은 꽤 많은 영화가 알려졌음에도 여전히 인도 영화에 대한 사람들의 관심과 이해는 아직도 많이 부족하다.

그 시기, 그러니까 내가 인도 영화에 빠지기 시작한 2000년대 초반에는 인터넷을 통해서 인도와 관련된 자료를 찾거나 인도 영화를 직접 구입해서 보는 것조차 쉽지 않았다. 인도 현지 직구는 꿈도 꿀 수 없었고, 영국이나 미국의 인도 커뮤니티를 대상으로 하는 DVD 판매 사이트를 통해 영화를 구매하는 방법이 전부인 시절도 있었다. 그러나 이제는 위키피디아에도 인도 영화와 관련된 자료들이 잘 정리되어 있고, 인도 영화 소식도 인터넷을 통해 실시간으로 찾아볼 수 있을 정도로 상황이 많이 좋아졌다. 물론 아직도 남인도나 힌디어권이 아닌 지역의 영화는 정보를 찾기 어렵지만, 볼리우드라고 불리는 힌디어권 메이저 영화들은 인터넷에 자료가 잘 정리되어 있어서 영화뿐 아니라 인도의 다양한 문화나 사회적 현상에 대한 내용들도 찾아보기 쉽다.

최근에는 국내에도 인도 영화에 관심을 가지는 사람들이 점점 늘어나면서 커뮤니티나 블로그를 통해 인도 영화가 꾸준히 알려지기 시작했다. 이제는 어느 정도 알려진 인도 영화라면 국내 블로그만 검색하더라도 다양한 후기나 영화에 대한 기타 정보들을 손쉽게 찾아볼 수 있다.

인용글의 경우 최대한 출처를 밝히기 위해 노력했다. 다만 글 쓴이의 부족함으로 인해 인용하고도 미처 기억하지 못해 언급하지 못한 부분도 있을 것이다. 이에 인도 영화를 사랑하고 관련 정보들을 공유해 주시는 모든 분들께 감사와 사과를 전한다.

인도 영화 속에서 묘사되는 인도의 모습이 우리에게는 아직 많이 낯설 수 있다. 그래도 이 책이 인도 영화와 인도를 이해하는데 조금이라도 도움이 되길 바란다.

일러두기

◆ 이 책에서 소개하는 인도 영화는 별도의 지역이나 언어에 대한
  언급이 없는 경우 힌디어권 영화(볼리우드)를 가리키는 용어로
  사용한다.

◆ 이 책에서 소개하는 인도 영화들은 국내에서 개봉 또는 DVD로
  출시했거나 영화제 등을 통해서 상영된 작품을 중심으로 하고
  있다. 하지만 국내에 공식적으로 소개되지는 않았으나 인도 영
  화 커뮤니티 중심으로 알려진 수입사를 통해 제작된 공식 한
  글 자막이 없는―영화들도 상당수 포함되어 있다.

◆ 영화 제목 표기는 다음 기준을 따른다.

  1. 한국에서 정식 발매 또는 개봉하여 한글 제목이 있는 경우.
     (이 경우 한글 제목은 네이버 영화의 제목을 기준으로 했다.)
     〈한국어 제목 원제목, 현지 개봉 연도〉

  2. 한글 제목이 없고, 원제목이 인도 원어인 경우.
     〈인도식 발음 원제목, 현지 개봉 연도〉

  3. 한글 제목이 없고, 원제목이 영문인 경우.
     〈영문 제목, 현지 개봉 연도〉

"자국 영화에 대한 사랑이 넘치는 나라,
전 세계에서 유일하게 할리우드 영화가 대접받지 못하는 나라,
스크린쿼터 같은 영화 산업 보호 장치 없이도
할리우드 영화들을 제치고 자국 영화가 가장 대접받는 나라."
이런 믿을 수 없는 일이 벌어지는 곳이 바로 인도다!
인도에선 과연 어떤 영화가 만들어지기에 이럴 수 있을까?

PART 1

인도 영화,
개미지옥 같은
그 매력!

세계 최대의 영화 제작 국가는 미국이 아니라 인도!

인도는 공식적으로 세계 최대/최다 영화 제작 국가다. 2000년 대 들어와서는 한 해에 보통 1,000편 이상의 영화를 제작하고 있다. 가끔 제작 편수가 많을 때는 1,500편 이상 제작된 적도 있다. 거짓말 같다고? 기네스북에도 등재되어있는 사실이다. 최근에는 코로나의 영향에도 OTT 콘텐츠 증가로 제작편수가 점점 늘어 인도에서 제작된 장편영화 기준으로 2022년에는 3,000편이 넘게 제작되었다.

아무튼, 인도는 1971년 이후로 '세계 최다 영화 제작 국가'라는 타이틀을 한 번도 놓쳐본 적이 없다. 우리가 잘 알고 있는 영화 강국 미국의 할리우드에서 한 해 제작되는 영화가 700~800편 정도이고, OTT용으로 제작되는 영화까지 포함해도 1,000여 편을 조금 웃도는 수준으로 알려져 있다. 영화 강국 중 하나인 우리나라에서 제작되어 개봉하는 장편 영화도 한 해 200편 내외라고 하니 인도에서 얼마나 많은 영화를 만드는지는 상상하기도 힘들 정도다.

그렇게 제작된 영화들은 인도 전역에 있는 대략 1만 4,000천 개의 영화관에서 1년에 1,000여 편 이상 개봉되어 상영되고 있으며, 최근에는 OTT로 바로 개봉하는 영화도 늘어나는 추세이다.

이런 인도 영화는 언어권에 따라 다양하게 구성되어 있다. 인도는 국가에서 지정한 공식 언어만 18개(문자언어까지 포함하면 22개)이고 실세로는 700여 개의 언어가 사용된다고 한다. 구분에 따라 방언까지 고려하면 1,600여 개의 서로 다른 언어를 사용하는, 다양한 언어권 민족이 어울려 사는 다민족 국가다. 그렇다 보니 인도의 영화산업은 언어권을 기준으로 다양하게 분포되어 있다.

그중 해외, 특히 우리나라에서 즐겨 보는 뭄바이(과거 봄베이) 중심의 볼리우드Bollywood: Bombay + Hollywood로 불리는 힌디어권 영화는 전성기로 불리는 2000년대에 500편 이상 제작되다가 한동안 주춤했으나, 최근 OTT 영향으로 다시 제작 편수가 늘어 연간 1,000편 이상에 달한다.

등급 심사 지역	언어권	편수
뭄바이Mumbai	힌디어Hindi	1,415
첸나이Chennai	타밀어Tamil	553
하이데라바드Hyderabad	텔루구어Telugu	566
벵갈루루Bengaluru	칸나다어Kannada	506
티루바난타푸람Thiruvananthapuram	말라얄람어Malayalam	322
콜카타Kolkata	벵골어Bengali	203
뉴델리New Delhi	힌디Hindi, 우루드Urdu, 펀자비Punjabi	112
구와하티Guwahati	아삼어Assamese/Asomiya	92
쿠타크Cuttack	오디아Odia	78
합계		3,847

○ 2022년 4월 ~ 2023년 3월 등급 심의를 받은 언어권별 영화 편수

위의 표는 2022년 4월부터 2023년 3월까지 한 해 동안 인도의 각 지역별(언어권별) 인도 장편 영화(등급 심사는 인도 장편/단편 외국 장편/단편으로 구분한다.) 제작 편수를 보여준다. 3,847편이라는 숫자도 놀랍지만 2015~2016년 기준의 1,902편에 비해 두 배 정도 증가한 것을 알 수 있다. 인도에서 영화등급을 심사하는 기관CBFC, CENTRAL BOARD OF FILM CERTIFICATION이 제시한 통계이기 때문에 실제 상영관에 걸리는 영화와는 약간 차이가 있을 수 있지만 언어권별 제작 규모를 가늠해보기엔 충분한 자료로 인도 영화의 인기와 성장세도 함께 느껴진다.

인도에는 뭄바이를 중심으로 하는 힌디어권의 볼리우드Bolly-wood, 첸나이를 중심으로 타밀어권의 콜리우드Kollywood, 그리고

텔루구어를 중심으로 하는 톨리우드Tollywood와 깨랄라주州가 중심인 말라얄람어의 몰리우드Mollywood 같은 언어권으로 구분되는 영화 제작의 메카가 존재한다. 실제 인구 분포로 보면 힌디어가 1위이고 벵골어가 2위를 차지하고 있으나 인도의 개방정책 이후 IT의 메카로 떠오른 안드라프라데시주州 나 외국의 산업자본을 재빨리 유치한 타밀 지역과 같이 경제적 여건이 더 발달한 남부 인도 언어권 영화들이 더 많이 제작되고 있다.

특히 타밀어, 텔루구어, 칸나다어, 말라얄람어는 다른 언어로 구분되지만 모두 드라비다 계열의 언어로 유사성이 많아 타밀어와 텔루구어권 배우는 두 개의 언어권에서 같이 활동하는 경우가 많다. 인도 영화 산업의 초기를 힌디어와 벵골어 중심의 북부 인도가 주도했다면 최근에는 남부 인도의 영향력과 규모가 커지는 추세라고 볼 수 있다.

인도는 앞서 말한 대로 '최다 영화 제작 국가'의 영예를 가지고 있다. 그러나 그 이면에는 방송과 통신 인프라의 더딘 보급으로 인해 인도 국민들이 즐길 오락거리가 많지 않다는 원인이 있다. 그래서 대부분 대중이 가볍게 즐길 수 있는 오락 영화 위주로 제작되었고, 마치 갈라파고스 같은 독자적 발달을 이루어 냈다.

과거 인도 영화는 전 세계에 퍼져 있는 인도인 커뮤니티를 중심으로 소비됐다. 그러나 이제는 인도 이민자 커뮤니티가 활성

화되어 있지 않은 나라에서도 많은 관객층을 확보하고 있다. 인
도 영화는 인도인들의 사랑을 뛰어넘어 세계 영화 시장에서 자
신만의 색깔을 인정받으며 그 매력을 마음껏 뽐내고 있다.

시네마 인도

마살라?
카레야, 뭐야?

인도와 인도 영화를 설명하는 대표적인 단어가 있다.

"마살라_{Masala}"

당신이 카레를 좋아한다면 한 번쯤은 들어본 적 있는 단어일 것이다. 그렇다. 카레. 모 2인조 가수의 노래처럼 '인도'하면 카레 아닌가! 그리고 우리가 즐겨 먹는 '카레'가 인도의 대표적 향신료인 '강황을 사용한 커리'에서 유래된 말이라는 것은 이제 상식이다. 조금 고급스러운 레토르트 카레에서 자주 볼 수 있는 '마살라'라는 단어는 원래 인도에서 다양한 향신료가 어울려 맛을 내는 것을 의미한다.

'마살라!' 향신료의 나라 인도에서 만든 영화에 참 잘 어울리는 단어라고 할 수 있겠다. 대부분의 인도 영화는 인도만의 독특한 춤과 음악으로 구성되지만, 그 내면에 인간 희로애락喜怒哀樂의 감정을 모두 포함하고 있는 것으로도 유명하다. 그렇기에 액션 장면이 펼쳐지다가 멜로로 이어지고, 자연스럽게 스릴러나 코미디로 연결되면서 한 편의 영화 안에서 장르가 자유자재로 전환되는, 말도 안 되는 독특한 전개를 가지고 있다. 이것이 하나의 영화에서 모두 섞여 어우러지니 '마살라'라는 단어는 인도 영화를 설명하는 딱 맞는 단어라고 할 수 있다.

당신이 뭘 좋아할지 몰라 전부 담다 보니 인도 영화는 러닝타임이 기본 3시간이다. 중간에 화장실을 가지 않기 위해 팝콘도 콜라도 못 먹게 만든다는 〈아바타2〉의 논란의 상영 시간(192분)이 인도에선 기본이다. 그러나 인도 영화는 화장실 타임을 걱정할 필요가 없다. 영화 상영 시간이 워낙 길다 보니 보통 중간에 인터미션이라는 쉬는 시간을 가지기 때문이다.

인도 영화는 인터미션을 기점으로 전반부와 후반부의 전개가 극명하게 달라지기도 한다. 예를 들어, 전반부가 달달한 코믹 멜로였다면 후반부는 액션 서스펜스로 진행된다든지 하는 경우가 종종 있다. 이런 이유로 어떤 사람들은 완성도나 개연성이 떨어지는 B급 영화라고 평가하기도 한다. 그러나 어떻게 보면 한 편의 영화 값으로 두 편의 영화를 볼 수 있는 이득이라고 생각할 수도 있지 않을까?

어찌 되었건 인도 영화는 긴 시간 동안 감상하는 내내 여러 장르를 넘나들면서 다양한 춤과 음악을 함께 즐길 수 있다. 말 그대로 웃기는 짬뽕, 아니 웃기는 카레다. 다양한 향신료가 어우러진 마살라 같은 인도 영화는 그 식문화만큼 고착화되어 인도인들의 가장 중요한 오락거리로 오랫동안 인기를 누려왔다.

그러나 이런 인도 영화에도 위기는 있었다. 국가사회주의를 표방하던 인도가 1980년대 이후 국가 경쟁력 향상을 위한 개방 정책을 시행함에 따라 자본주의적 변화가 확산되어 소득수준이 향상된 것이다. 소득이 높아지자 TV 보급이 늘어났고, 서구 문화에 대한 접촉점이 늘어나면서 영화 소비 성향에도 변화가 생기기 시작했다.

이제 제목만 달랐지 내용과 형식은 늘 비슷하던 예전 스타일의 영화들은 인기가 점점 시들어갔다. 인도 영화는 스스로 변화할 수밖에 없었다. 그래서 인기가 식어가는 인도 영화를 부흥시키려는 사람들의 노력에 의해 점차 인도 영화 자체의 고유한 세련미를 갖추었고, 이제는 세계 무대에서도 큰 영향력을 발휘하게 되었다.

춤과 노래는
빼놓을 수 없는 전통

당신이 생각하는 인도 영화의 가장 대표적 특징은? 아마도 백이면 백 누구나 고막을 두드리는 노래와 눈을 매혹하는 현란한 춤이라고 대답할 것이다. 인도에서 제작하는 상업 영화의 90% 이상이 뮤지컬 형식을 취하고 있다.

그렇다고 우리가 일반적으로 생각하는 할리우드의 뮤지컬 영화를 떠올리면 안 된다. 인도 영화는 때때로 극의 흐름과 전혀 연관 없이 생뚱맞게 춤과 노래가 등장한다. 그리고 이런 어색함이 해외 관객들로 하여금 인도 영화는 수준이 낮고 재미없는 B급 영화라고 인식하게 만들기도 한다.

인도 영화 속에 춤과 노래가 중요하게 자리 잡게 된 배경은 무엇일까? 인도의 식민지 시대를 배경으로 한 초창기 인도 영화에서 찾아보자. 이 시기 영화에는 신화와 인도 전통이 많이 담겨 있었는데, 노래는 신을 향한 찬가이고, 춤은 신께 바치는 일종의 의식이었다. 한국의 마당극처럼 인도의 전통 연극에도 춤과 노래가 어우러져 있으며 대부분이 신에 대한 찬미를 그린 작품이 많다. 이것이 자연스럽게 영화 속에 녹아들었다고도 본다.

더불어 다양한 언어를 사용하는 인도에서 대사만으로 내용을 전달하는 것에는 한계가 있기에 춤과 음악이 곁들어진 장면을 제공함으로써 상황에 대한 이해를 추구했다는 주장도 있다. 그리고 이세는 그린 춤과 음익이 내상의 기호에 맞추어 영화에서 빠져서는 안 될 오락거리로 자리 잡았고, 이것이 큰 인기를 얻어 마살라 신Scene만을 따로 편집해 뮤직비디오처럼 판매하고 있는 실정이다.

인도 영화의 또 다른 특징은 '플레이백 싱어'라는 전문 가수가 부른 노래를 영화 속 배우들이 립싱크로 연기한다는 점이다. 영화 제작 초기에는 배우가 직접 노래를 불렀지만, 독립 이후 점차 전문 가수가 부른 노래에 배우들이 연기와 춤을 곁들이는 방식이 주된 방식으로 자리 잡았다. 그래서 최근에는 배우가 매력적인 보이스를 뽐내며 노래 한 곡 정도는 자신의 목소리를 담아낸 영화가 있을 경우 큰 화제가 되기도 하며, 영화 속 배우들의 목소리를 찾아보는 것도 인도 영화를 즐기는 하나의 재밋거리다.

인도에도 대중음악인 인디아 팝 장르가 존재한다. 하지만 영화의 영향력이 여전히 강력하기 때문에 대중음악도 대부분 영화음악을 중심으로 유행이 만들어진다. 춤과 음악이 영화의 중요한 즐길 거리인지라 관객들이 영화를 보면서 영화관 안에서 춤도 추고 노래도 따라 부르며 흥겹게 즐기는 게 일상이 되었다. 그렇다 보니 한 편당 3시간이 넘는 러닝타임조차 오히려 짧게 느껴질지도 모른다.

이러한 관람 문화에 대해 인도의 원로 배우 '아미타브 밧찬'은 어느 인터뷰에서 이렇게 말했다.

"인도 관객들은 한 번에 모든 걸 보고 싶어 합니다. 에어컨이 나오는 극장에서 영화를 보는 3시간 동안 드라마도 보고 액션도 보고 싶어 하죠. 또한 동시에 음악과 춤, 그리고 멋진 배경도 보고 싶어 해요. 인도 영화는 그런 바람을 최대한 충족시켜주려고 합니다."

인도는 사막과 정글이 곳곳에 자리하고 있는 넓은 국토와 낮은 소득수준으로 인해 TV조차 대중적인 보급이 원활하지 않다. 이런 현실 속 문화적 소비 대상이 영화에 집중되는 것은 어쩌면

너무나 당연한 결과인지도 모른다. 영화관 안에서 관람 도중 과
몰입한 나머지 소리를 지르거나 박수 치는 것조차 조심스러운
우리나라 영화 관람 풍토에선 무척이나 낯설고 생소한 문화다.
이런 인도 영화의 특성 때문에 인도인들은 "인도 영화에서 필
요한 것은 한 명의 스타와 세 가지 춤 그리고 여섯 곡의 노래
다."라고 말한다.

　인도 영화는 극 중 즐거움을 주기 위한 장치로 '아이템 송'이
라는 춤과 노래를 이용한 연출 요소가 등장하기도 한다. 아이템
송은 명칭에서 묻어나듯이 순전히 관객의 재미를 위해 삽입한
노래를 뜻한다. 인도 영화는 '반드시'라고 할 만큼 아이템 송이
흐르는 가운데 극의 개연성과 전혀 관계없는 예쁘고 화려한 무
희가 흥겨운 리듬으로 춤을 추는 장면이 등장하는데, 이 아이템
송에 맞춰 춤추는 여배우를 '아이템 걸'이라고 부른다. 영화 초
반 관객의 몰입을 북돋거나 긴 상영 시간 동안 지루할 만한 시
점에 강렬한 비트의 아이템 송을 배경으로 아이템 걸이 등장하
는 순간, 영화관은 순식간에 환호와 휘파람으로 가득 찬다.
　일반적으로는 예쁘고 춤 잘 추는 배우가 아이템 걸을 전담하
지만 때로는 유명 배우가 카메오처럼 아이템 걸로 등장하기도
한다. 아이템 걸 중에는 '아이템 걸 전문 배우'라는 칭호를 가질
만큼 춤 실력을 뽐내며 아이템 송 하나로 영화 속 다른 장면을

잊게 하는 신 스틸러로 급부상하는 배우도 있다.

특히 아이템 전문 배우로 유명한 배우 중 아로라 칸이 있는데, 아로라 칸은 인도 3대 칸으로 불리는 살만 칸의 동생인 알바즈 칸의 부인이다. 그녀는 살만 칸이 출연하는 영화에 카메오처럼 아이템 걸로 등장해 재치 있는 대사를 만들어내기도 한다.

마니 라트남 감독의 〈나는 테러리스트를 사랑했다Dil Se.., 1998〉라는 샤룩 칸 주연의 영화에서 전설처럼 회자되는 기차 위 군무 신은 아로라 칸의 대표적인 아이템 송으로 볼 수 있다. 그녀는 실제 영화에서는 어떤 배역으로도 등장하지 않았음에도 이 아이템 송 하나로 자신의 존재를 관객들에게 확실하게 각인시켰다. 해당 장면은 안전장치 없이 실제로 달리는 기차에서 롱테이크로 촬영한 것으로도 유명한데, 당시 열악했던 제작 환경의 한 단면을 보여주는 일화이기도 하다.

그 후로도 아로라 칸은 뛰어난 춤 실력을 뽐내며 아이템 걸로 여러 영화에 출연했는데, 살만 칸 주연의 〈다방Dabangg, 2010〉에서도 나이가 무색할 정도의 춤 실력을 뽐내며 코믹한 장면을 연출했다.

○ 영화 〈나는 테러리스트를 사랑했다Dil Se..., 1998〉의 기차 위 군무 장면

○ 영화 〈다방Dabangg, 2010〉에서 아이템 걸로 출연한 아로라 칸

인도 영화의
특징을 알려주마

#긴_상영시간 #인터미션

인도 영화, 특히 상업 영화들은 긴 러닝타임을 자랑한다. 보통 3시간 전후의 러닝타임을 가지며 긴 상영 시간답게 중간에 인터미션이 존재하는 것으로도 유명하다. 인터미션은 목도 축이고 화장실도 다녀올 수 있는 15분 정도의 쉬는 시간을 의미하는데, 대개 인터미션 후 이어지는 영화 후반부에는 전반부와는 제목만 같은 또 다른 영화가 준비되어 있다.

예를 들어, 아미르 칸과 까졸이 주연한 〈파나Fanaa, 2006〉의 경우 전반부는 달달한 로맨틱 코미디이지만 인터미션 이후 후반부는 스릴러와 액션에 가까운 내용으로 전개된다. 이런 방식이

시네마 인도

모든 인도 영화에 공통으로 적용되는 것은 아니지만, 대체로 많은 상업 영화에서는 인터미션 전후로 극의 흐름에 큰 변화가 생기는 것이 일반적이다.

#여성에_대한_금기

인도 영화 속에는 인도인들의 문화와 삶이 녹아 있는 만큼 금기 아닌 금기들이 있다. 특히 대중적 거부감을 상징하는 것으로 가부장 문화와 힌두교 전통에 따른 여성에 대한 금기가 많다. 대표적으로 키스신, 베드신이 없다. 지금은 그나마 키스신 정도는 등장하고 있으나 베드신은 21세기인 지금도 1980년대 한국 영화처럼 종종 물과 불, 자연으로 묘사되곤 한다.

2006년에 개봉한 액션 영화 〈천재 도둑 미스터 A Dhoom 2, 2006〉에서는 리틱 로샨과 아이쉬와라 라이의 진한 키스신이 사회적 논란이 되었을 정도로 남녀의 성적 표현이 금기시되며 민감한 요소로 자리 잡고 있다.

또한 젊은 과부나 이혼녀가 등장하기도 어렵다. 최근 영화에서는 간혹 이혼녀가 나오는 장면조차 외국에서 결혼 후 이혼하고 인도로 돌아온 여자로 묘사되는 경우가 많으며, 인도 내에서 결혼하고 이혼한 여성의 존재가 영화 속에 등장하는 경우는 드물다. 특히 젊은 과부는 남편을 일찍 죽게 한 부정한 존재로 여겨지기 때문에 영화 속에 등장하는 일이 거의 없다.

최근 인도 영화에서는 자유로운 여성이 행복해지는 스토리가 가끔 펼쳐지기도 하고 여성의 시각을 강조하는 영화가 늘어났다. 하지만 대중적인 상업 영화에서는 여전히 전통적인 가치관을 가진 여성만이 행복할 수 있다는 전제가 굳게 자리 잡고 있다.

이러한 현상은 인도 내에서 인도인민당 같은 힌두민족주의를 표방하는 정치 세력이 힘을 얻으면서 더욱 심화되었다. 2017년 12월 개봉 예정이던 세계적으로 유명한 산제이 반살리 릴라 감독의 〈파드마바트Padmavat, 2018〉는 영화 속에서 성관계를 암시했다는 이유만으로 힌두민족주의자들이 감독과 주연 여배우에게 현상금까지 내걸며 시위를 벌였다. 재미있게도 이러한 논란 때문에 영화는 결국 개봉이 연기되었지만, 이 사건으로 오히려 더 주목을 받게 되어 이후 엄청난 흥행을 거두었다.

이와 반대로 인도 영화라면 꼭 들어가야 하는 장면도 있는데, 대표적인 것이 바로 결혼식이다. 화려하게 치르는 결혼식은 실제 인도에서는 일상에서 벌어지는 축제이기에 춤과 음악이 어우러지는 상황으로 자주 묘사된다.

#과도한_주연배우의_나이_속임

물론 이는 어느 나라 영화계에서나 존재하는 문제이긴 하지만, 인도 영화에서는 그 정도가 좀 심하다. 과도해도 너무 과도하다. 제작 영화 편수에 비해 티켓 파워를 가진 영화배우의 수가 워낙 한정적이다 보니 5~60대 배우가 20대 역할을 연기하는 경우도 종종 있다.

사실 이와 유사한 상황은 한국 영화계나 할리우드에도 있다. 하지만 인도 영화계에서는 그 현상이 좀 더 노골적으로 나타난다. 대표적으로 3대 칸이라 불리는 샤룩 칸, 살만 칸, 아미르 칸은 모두 1965년생 동갑내기로 2023년 기준으로 58세이다. 지금은 아저씨나 아버지 역할도 많이 하고 있지만 50대 초반까지 20대, 심지어 대학생으로 등장하기도 했다.

#다양한_리메이크

사실 인도가 세계 최대 영화 제작 국가라는 데에는 어느 정도 허수가 포함되어 있다고 할 수 있다. 그 이유 중 하나는 한 영화가 언어권별로 제각기 만들어지기 때문이다. 만일 어느 한 언어권에서 제작한 영화가 엄청난 흥행을 하면 그 영화는 바로 다른 언어권 영화로 리메이크된다.

물론 제작비가 많이 들어간 영화의 경우 리메이크가 쉽지 않아 다른 언어로 더빙해서 개봉하는 경우도 없지 않다. 하지만 기본적으로 자막을 넣어 개봉하기에는 인도의 문맹률이 너무 높은 데다 더빙만 해서는 문화권별로 선호하는 배우와 내용이 달라 배우를 바꿔서 다시 제작하는 것이 관행처럼 굳어져 내려오고 있다.

타밀권 출신으로 볼리우드에 성공적으로 진출했다고 평가받는 마니 라트남 감독은 〈라아반_Raavan, 2010〉, 〈라아바난_Raavanan, 2010〉이라는 동일한 내용의 영화를 힌디어 버전과 타밀어 버전으로 나눠 애초부터 아예 제목과 배우를 다르게 해서 동시에 제작했다. 그러나 대부분 각각의 언어권별로 다른 배우와 다른 감독에 의해 다른 시기에 리메이크되는 경우가 더 일반적이다.

국내에 꽤 이름이 알려진 〈세 얼간이_3idiots, 2009〉의 경우도 타밀어 버전은 〈난반_Nanban, 2012〉으로 제목과 작품의 배경이 바뀌었으나 극의 전개는 그대로 가져와 같은 영화를 보는 느낌이 들 정도로 똑같다.

이와는 완전히 다른 경우도 있다. 샤룩 칸이 주인공을 맡아 국내에도 소개되었던 〈돈_Don, 2006〉은 동명의 1978년 영화를 리메이크한 것인데, 2006년에 최고의 흥행을 기록하자 2007년에는 〈빌라_Billa, 2007〉라는 타밀어 버전으로, 2009년에는 타밀어권과 같은 제목의 델루구어 버전으로도 제작되었다. 이 영화들은 각각 주연을 포함한 배우들뿐만 아니라 감독도 달랐으며 영화의 사운드 트랙도 다르게 구성했다. 특히, 타밀어와 델루구어 버전은 극의 전개를 원작과 조금 다르게 각색해 각 언어권 영화를 비교해서 보는 쏠쏠한 재미를 주기도 한다.

다른 언어권 영화의 리메이크는 〈세 얼간이_{3 idiots}, 2009〉처럼 플롯은 그대로 가져오고 배우와 작품의 배경만 바꾸는 게 일반적이다. 이렇게 인도 영화의 리메이크 작업은 원작의 시나리오 각색 작업도 거의 하지 않은 채 작품의 배경과 대사를 각각의 언어권으로 교체하고 시기만 다르게 하여 제작하는 경우가 많다. 때문에 생산적인 창작품이라는 관점에서 보면 영화 편수에 어느 정도 허수가 존재한다고 봐야 할 것이다.

인도 영화는 지역과 문화적인 측면에서
매우 다양한 모습을 가지고 있다.
프랑스의 뤼미에르 형제가 세계 최초로 영화를 상영한 이듬해인
1896년에 아시아 최초로 인도에서 영화를 상영했다는 사실만으로도
인도 영화가 얼마나 오래된 역사를 가지고 있는지 알 수 있다.
오랜 역사 속에 무수히 많은 영화인이 나타났다가 사라졌지만,
인도와 다른 나라의 큰 차이를 꼽으라면 영화계에 명문 가문이 있고,
그 명문 가문을 중심으로 영화계가 움직이고 있다는 사실이다.
이제부터 인도 영화계를 이끌어가는 배우와 가문들을 들여다보자.

PART 2

인도 영화 속
사람들

인도의 국민 배우
칸, 칸, 칸!

자, 먼저 생각해보자. 일단 눈을 감고 우리나라와 할리우드에서 지금도 활동하는 배우들 중 생각나는 사람이 몇이나 되는지. 수십 명? 수백 명? 당신이 영화계에 몸담고 있는 사람이거나 엄청난 영화광이 아닌 이상, 아마 기억에 떠오르는 주요 배우는 생각보다 몇 명 되지 않을 것이다. 한국이나 할리우드의 배우가 적어서일까? 아니다. 아무리 영화 시장이 크고 제작 편수가 많아도 자주 눈에 띄는 배우들은 정해져 있기 마련이기 때문이다. 그리고 이는 인도 영화계도 마찬가지다.

어느 시대, 어느 나라를 막론하고 그 시대와 나라를 대표하는 배우들이 있다. 그리고 이건 지금 인도도 예외가 아니다. 볼리우드에도 21세기를 이끄는 3명의 남자 배우가 있다. 샤룩 칸 Shahrukh Khan, 살만 칸Salman Khan, 그리고 아미르 칸Aamir Khan이 그 주인공으로, 현재는 나이가 있어 예전만큼의 명성은 아니지만 지금도 여러 가지 면에서 인도영화를 거론할 때 빠지기 힘든 배우들이다.

1965년생 동갑내기인 세 배우는 1990년대부터 두각을 나타내기 시작해 각자 나름의 개성을 가지고 자신만의 영역을 구축했으며, 인도 영화가 국제적인 인기를 얻고 커나가는 데 중요한 교두보 역할을 했다. 이제는 나이가 50대 후반에 접어들었지만, 아직도 인도 영화를 이끄는 가장 중요한 3인방이라고 불러도 손색이 없다. 이 3명의 대표작 상당수는 박스오피스 상위권에 올랐던 메이저 영화들이다. 이들은 '칸'이라는 이슬람 성을 가졌다는 점만 제외하면 서로가 완전히 다른 성격과 배경을 가지고 있으며, 선택한 작품과 작품 속 개성도 전혀 다르다. 이제 이들의 매력을 하나씩 살펴보자.

#샤룩_칸Shahrukh Khan

현재의 볼리우드를 대표하는 단 한 명의 배우를 꼽으라고 하면 단연 샤룩 칸일 것이다. 단순한 인기와 흥행성만이 아니라 폭넓은 작품 활동, 그리고 다른 2명의 칸과는 달리 영화 명문가의 자손이 아닌 자수성가로 자신의
입지를 굳혀온 배우라는 점 때문
이다.

샤룩 칸의 인기는 전 세계적인
데, 우리나라에서도 일반적으로
인도 영화에 빠져들 때 가장 처음
매력을 느끼게 되는 배우로도 유
명하다. 현재는 운영되고 있지 않지만, 한때 국내에 별도의 팬
페이지가 있었을 정도로 독보적인 인기를 누리고 있다.

샤룩 칸의 영화를 접하면 처음엔 인도식 연기라 아무래도 받
아들이기 어렵다. 그러나 시간이 흐를수록 여심을 홀리는 그 감
성적인 연기에 푹 빠져든다. 볼리우드 최고의 로맨틱 배우답게
여성 팬들의 절대적 지지를 받고 있다.

샤룩 칸을 본격적인 흥행 배우로 올려놓은 〈용감한 자가 신
부를 데려가리Dilwale Dulhania Le Jayenge, 1995〉는 까졸이라는 여배우
와 호흡을 맞추어 1995년 개봉 당시 메가히트한 작품이다. 지금
까지도 인도의 마하라슈트라주 뭄바이에 소재한 마라타 만디
르 시네마Maratha Mandir Cinema에서 매일 오전 11시 30분 1회차 영
화로 여전히 상영하고 있다. 약칭 〈DDLJ〉로 불리는 이 영화는
매년 최장 상영 영화로도 기네스북을 갱신하고 있다. 믿어지는
가? 1995년이면 무려 〈씨네21〉을 창간할 때와 같은 해다.

이후 샤룩 칸은 까졸과 함께 〈꾸츠 꾸츠 호타 헤Kuch Kuch Hota Hai, 1998〉와 〈까삐꾸씨 까삐깜Kabhi Khushi Kabhie Gham, 2001〉의 남녀 주연을 맡아 연속으로 히트시키며 최고의 전성기를 열었다. 그후 한동안 부진했지만 샤룩 칸과 까졸이 다시 만난 작품 〈내 이름은 칸My name is Khan, 2010〉에서 기대를 저버리지 않고 멋진 호흡을 보여주며 흥행에도 성공해 두 사람의 저력을 확인시켜 주었다.

샤룩 칸은 감성적인 로맨티시스트로 등장할 때 최고의 매력을 보여주기 때문에 국내 인도 영화 팬들 중에서도 여성에게 특히 더 인기가 있다. 2000년대 이후로는 주로 다정하거나 차분한 배역을 주로 맡았기만, 악역일 때도 강렬한 매력을 발산한다. 〈돈Don, 2006〉, 〈천재 사기꾼 돈: 세상을 속여라Don 2, 2011〉에서의 지능적인 악당 역할뿐만 아니라 〈팬Fan, 2016〉, 〈다르Darr, 1993〉, 〈안잠Anjaam, 1994〉 같은 작품에서는 비뚤어진 사랑으로 여성을 괴롭히는 소름 끼치는 악역도 훌륭히 소화해냈다.

주요 히트작을 보더라도 〈용감한 자가 신부를 데려가리Dilwale Dulhania Le Jayenge, 1995〉, 〈꾸츠 꾸츠 호타 헤Kuch Kuch Hota Hai, 1998〉, 〈나는 테러리스트를 사랑했다Dil Se.., 1998〉, 〈까삐꾸씨 까삐깜 Kabhi Khushi Kabhie Gham, 2001〉, 〈모하바테인Mohabbatein, 2000〉, 〈데브다스Devdas, 2002〉, 〈내일은 오지 않을지도 몰라Kal Ho Naa Ho, 2003〉, 〈그 남자의 사랑법Rab Ne Bana Di Jodi, 2008〉, 〈옴 샨티 옴Om

Shanti Om, 2007〉, 〈내 이름은 칸My Name Is Khan, 2010〉 등 주로 감성적이고 연인에게 헌신하는 애절한 사랑을 하는 역할로 크게 성공한 작품이 많다.

한편으로는 조국에 돌아와 동화되어가는 나사 과학자 역의 〈스와데스Swades, 2004〉, 조국을 배신했다는 오명을 설욕하려는 여자 하키팀 감독으로 분한 〈차크 데 인디아Chak De! India, 2007〉 같은 애국심을 고취하는 영화나 인도의 역사 중심에 있는 유명한 아소카 대왕을 다룬 〈아소카Asoka, 2001〉에도 출연했다. 최근엔 〈라 원Ra.One, 2011〉 같은 작품에서 액션 배우로 슈퍼히어로로 역할에 도전하기도 했지만, 역시 샤룩 칸의 진정한 매력은 부드럽고 감성적인 연기와 특유의 콧소리를 내며 모성애를 자극하는 귀여운 애교에 있다.

샤룩 칸의 대표작을 따로 언급하지는 않겠다. 국내에도 팬덤을 형성할 정도로 유명한 인도 국민 배우이기 때문이다. 마지막으로 샤룩 칸이라는 배우에게는 조심해야 할 점이 한 가지 있다는 것을 말하고 싶다. 일단 샤룩 칸의 팬이 되면 그의 매력에 빠져 그가 출연한 모든 영화를 다 섭렵할 수밖에 없게 된다는 것이다.

#살만_칸Salman Khan

3대 칸 중 초반에 두각을 나타낸 배우는 살만 칸이었다. 유명한 시나리오 작가 겸 감독인 아버지를 둔 살만 칸은 영화계에 단단한 인맥을 가지고 있는 영화 명문가에서 태어났다.

살만 칸은 강렬한 액션과 남성미를 보유한 배우로 아미르 칸과 같은 해인 1988년도에 〈비비 호토 아이시Biwi Ho To Aisi, 1988〉로 데뷔했다. 그리고 다음 해 〈마이네 빠르 끼야Maine Pyar Kiya, 1989〉로 신인상을 수상하며 주목을 받기 시작한 이후 1990년대 초반부터 일찌감치 이름을 알리며 다양한 작품에서 액션과 강한 남성상을 무기로 자신만의 영역을 구축했다.

콜리우드에서 넘어온 아이쉬와라 라이를 볼리우드에 성공적으로 안착시킨 〈함 딜 데 추케 사남Hum Dil De Chuke Sanam, 1999〉과 〈초리 초리 춥케 춥케Chori Chori Chupke Chupke, 2001〉에 출연해 남성적이면서도 로맨틱한 이미지로 흥행배우로서 확실한 자리매김을 했다. 그러던 중 아이쉬와라 라이와의 공개 연애 실패, 조직 폭력배 연루 사건, 차량 뺑소니 사건 등으로 2000년대 초·중반 동안 구속과 재판을 반복하며 구설에 올라 대중적 영향력을 잠깐 상실한 적도 있다. 이후 재기를 위해 선택한 작품들의 흥행

성적이 예전의 명성에 미치지 못해 주춤한 적이 있었지만, 〈No Entry, 2005〉를 통해 마침내 재기에 성공했다.

〈살만 칸의 뺑소니 사건?!〉

2002년 자동차로 빵집을 덮쳐 3명을 죽거나 다치게 한 사건으로, 사고 후 운전자는 바로 도주했다. 음주 운전이 의심되어 최초 하급심에서 5년 형을 받았으나 2015년 최종적으로 뭄바이 대법원에서 무죄 판결을 받았다.

그런데 살만 칸의 운전사가 사고 발생 당시 운전을 한 사람이 살만 칸이었다고 진술했으나 이후 거짓 진술로 인한 위증죄로 체포되고, 또 다른 중요 증인이던 담당 경찰이 의문의 납치 후 살해당하는 등 여전히 많은 의혹들을 남긴 채 종결되었다.

뒤이어 〈Wanted, 2009〉를 시작으로 자신의 강점인 남성미 물씬 풍기는 액션을 보여준 스파이 영화 〈엑 타 타이거Ek Tha Tiger, 2012〉, 돈은 좀 밝히지만 용감하고 무술에 능해 강력한 힘으로 악인들을 물리치는 슈퍼 경찰로 활약한 〈다방Dabangg, 2010〉, 〈다방 2Dabangg 2, 2012〉를 연속으로 히트시키며 옛 명성을 회복했다. 특히 〈카쉬미르의 소녀Bajrangi Bhaijaan, 2015〉와 〈술탄Sultan,

2016〉에서 신의 있고 남성미 넘치며 자상하고 매력적인 캐릭터를 연기해 아주 좋은 흥행 성적을 거두면서 제2의 전성기를 맞이했다.

매력적인 배우이지만 출연한 영화들이 주로 액션이나 인도적인 감성이 진한 작품들이다 보니 국내에서는 3대 칸 중 상대적으로 덜 알려졌다.

살만 칸은 3대 칸 가운데 유일하게 아직까지 결혼을 하지 않은 배우로 지금까지 여러 여배우와 염문설이 있었다. 하지만 공식 석상에서 자신은 아직 숫총각이라는 농담을 하며 나이를 먹지 않는 배우라는 타이틀을 즐기고 있다. 시간이 갈수록 안정된 연기로 인기 정상에 우뚝 서 있는 살만 칸은 사회 공헌 활동으로도 인도 사회에서 유명하다. 2002년 사건으로 잃은 대중적 기반을 되돌리기 위한 방편이라는 비난을 받기도 했지만, 2006년 살만 칸이 설립한 자선 단체 '비잉 휴먼Being Human'은 불우한 아동들과 취약 계층을 위해 많은 지원과 봉사 활동을 하고 있다. 이처럼 그는 자기 수입의 많은 부분을 사회에 환원하고 있다.

살만 칸의 주요 작품

〈매니 피아르 키야Maine Pyar Kiya, 1989〉

〈함 딜 데 추케 사람Hum Dil De Chuke Sanam, 1999〉

〈테레 남Tere Naam, 2003〉

〈Wanted, 2009〉

〈다방Dabangg, 2010〉

〈Bodyguard, 2011〉

〈엑 타 타이거Ek Tha Tiger, 2012〉

〈다방 2Dabangg 2, 2012〉

〈Kick, 2014〉

〈카쉬미르의 소녀Bajrangi Bhaijaan, 2015〉

〈술탄Sultan, 2016〉

#아미르_칸Aamir Khan

아미르 칸은 프로듀서 겸 감독  인 아버지를 둔 덕에 아역 배우로 시작해서 삼촌인 만수르 칸의 〈카야맛 세 카야맛 탁Qayamat Se Qayamat Tak, 1988〉으로 본격 데뷔했다.

〈라자 힌두스타니Raja Hindustani, 1996〉 등을 히트시키며 1990년대 중반까지 수시로 남우주연상 후보에 오르면서 입지를 다지기 시작했다. 아미르 칸은 2000년대 들어 청춘 세대의 사랑과 방황을 그린 〈딜 차타 해Dil Chahta Hai, 2001〉와 2002년 필름페어상 작품상을 수상한 〈라가안Lagaan: Once Upon a Time in India, 2001〉으로 본격적인 자기 색을 내비치기 시작했다.

이후 〈메멘토〉에 대한 모작 시비가 있던 〈가지니Ghajini, 2008〉와 우리에게도 잘 알려진 〈세 얼간이3 Idiots, 2009〉라는 작품으로 역대 인도 영화 흥행 기록을 거듭 경신하며 인도 박스오피스 정상을 연속으로 석권해 흥행 배우로서 확실하게 자리매김을 했다.

국내에서도 나름 여러 경로로 소개되어 지금까지 중고등학교 자율 학습 시간의 단골 상영 영화로 자리잡은 〈세 얼간이3 Idiots, 2009〉는 인도의 교육 현실과 사회에 대한 비판적 내용을 담고 있음에도 불구하고 개봉 당시 인도 영화 사상 최대 수입을 올려 아미르 칸의 저력을 보여줬다.

아미르 칸은 162cm로 남성치고는 키가 작은 편인 데다 코믹하면서도 변칙적인 캐릭터를 잘 소화해 채플린과 닮은 점이 보이기도 한다. 대표 출연작들을 보면 현실의 불합리한 측면에 의문을 가지고 그걸 개선하고자 하는 의지가 강한 캐릭터를 선호하는 경향이 있다.

그의 초기 대표작 중 하나인 〈라가안Lagaan: Once Upon a Time in India, 2001〉은 영국에 의해 인도로 전파된 크리켓 경기를 통해 식민지 시대 영국 지배자들의 수탈에 대항해 인도 민족주의를 고취하는 내용의 영화이다. 식민지 상황에서 억압받는 민중이 스포츠를 통해 항거한다는 내용의 국내 작품 〈YMCA 야구단〉과 경기 종목만 다를 뿐 거의 유사한 기본 플롯을 가지고 있다. 이러한 성향은 〈랑 데 바산티Rang De Basanti, 2006〉나 〈세 얼간이3 Idiots, 2009〉, 인도의 교육 현실을 다룬 〈지상의 별처럼Taare Zameen Par, 2007〉, 국내에서도 개봉한, 지구에 홀로 남겨진 외계인이 거짓 신과 싸우는 이야기인 〈피케이: 별에서 온 얼간이PK, 2014〉 같은 영화들을 통해 이어지고 있다.

〈랑 데 바산티Rang De Basanti, 2006〉는 영국 식민지 시대에 무장 독립운동의 선봉에서 활약했던 바가트 싱이라는 인물을 인도의 현재를 살아가는 젊은이들의 시선에 비추어 재조명한 작품이다. 제작 당시 인도에서 사회 문제로 대두했던 군대 내 비리를 다루어 화제가 되기도 했다.

이러한 인권 운동가적 성향 때문에 그는 필름페어 같은 대중적인 영화제는 물론 국가에서 주도하는 인도 최대 영화제인 내셔널 시상식 참석조차 거부하고 소수자들의 시위에 동참하곤 한다. 특히, 그의 첫 감독 데뷔작 〈지상의 별처럼Taare Zameen Par, 2007〉은 난독증을 앓고 있는 어린 학생의 재능을 발굴하고 키워가는 선생님의 노력을 그린 작품으로, 인도 교육부로 하여금 현실의 부조리를 인정하고 난독증이나 장애를 가진 학생들의 시험 시간을 늘리도록 하는 성과를 일궈내기도 했다.

아미르 칸은 여기서 한발 더 나아가 TV 시사프로인 〈진실만
이 승리한다Satyamev Jayate!!〉의 제작자 겸 진행자로 나서서 카스트
제도나 강제 낙태 같은 인도 내 고질적인 사회문제를 적극 고발
하고 있다.

아미르 칸의 주요 작품

〈라자 힌두스타니Raja Hindustani, 1996〉

〈Earth, 1998〉

〈라가안Lagaan: Once Upon a Time in India, 2001〉

〈랑 데 바산티Rang De Basanti, 2006〉

〈파나Fanaa, 2006〉

〈지상의 별처럼Taare Zameen Par, 2007〉

〈가지니Ghajini, 2008〉

〈세 얼간이3 Idiots, 2009〉

〈더 그레이트 서커스Dhoom 3, 2013〉

〈피케이: 별에서 온 얼간이PK, 2014〉

〈당갈Dangal, 2017〉

그 영화배우,
결국 신이 됐다고 한다

전성기를 누리는 3대 칸 외에도 인도 영화계에는 현존하는 배우이면서 신으로 추앙받는 배우들이 있다. 그렇다, 인간인데 신이다.

인도는 국교가 정해진 단일교 국가는 아니지만 힌두교가 국민의 절대 다수를 차지하고 있어 어느 영역에서나 힌두교의 영향을 많이 받고 있다. 힌두교는 기본적으로 다신교이며 윤회를 바탕으로 하고 있기에 많은 현자나 성자들을 신의 현신으로 여기는 문화가 있다. 이런 특징으로 인해 정치인이나 스포츠 스타, 인기 배우같이 대중적 지지 기반을 가진 사람들 중 현재 살아 있는 이를 신으로 모시고 추앙하는 경우가 종종 있다.

대표적으로 현재 막강한 정치적 영향력을 행사하고 있는 소니아 간디Sonia Gandhi나 마하트마 간디MKG 같은 정치인과 아미타브 밧찬Amitabh Bachchan이나 라지니칸트Rajnikanth처럼 대중적 인기를 누리는 배우들이 있다.

아미타브 밧찬과 라지니칸트는 도대체 얼마나 대단한 배우이기에 신으로 추앙을 받을까? 이 두 사람은 팬들에게 신의 현신으로 추앙받으며 그들의 사진과 신물을 모시는 신전까지 가지고 있다.

이들은 각각 힌디어 중심의 볼리우드와 타밀어 중심의 콜리우드를 대표하는 원로 배우라는 공통점이 있다. 사실 라지니칸트는 사람도 원톱으로 구연을 받을 정도이기에 원로라고 하기에는 약간 이른 감이 있는데, '슈퍼스타'라는 그의 별칭이 말해주듯이 타밀권에서는 아직 원로로 불리는 걸 좋아하지 않는 것 같다. 하지만, 1950년생이니 나이만 보면 원로라고 부르는 편이 더 맞을 것 같다. 1942년생인 아미타브 밧찬도 젊은 역할을 하지 않을 뿐 여전히 주연급으로 왕성한 활동을 하고 있어 원로라는 말이 무색한 배우다.

#아미타브_밧찬

아미타브 밧찬은 1960~1970년대에 최고의 인기를 누리던 배우였고 현재도 왕성한 작품 활동을 하고 있다. 어떤 면에서는 전성기를 능가하는 인기를 구가하고 있기도 하다.

아미타브 밧찬의 인기는 〈슬럼독 밀리어네어Slumdog Millionaire, 2009〉의 한 장면으로 설명하는 게 좋을 것 같다. 아미타브 밧찬이 동네에 온다는 소식을 들은 어린 주인공이 화장실에 갇혀 있다가 똥통으로 빠져나와서 결국 아미타브 밧찬에게 사인을 받는 장면이 나온다. 뒤이어 그 사인은 바로 현금으로 바꿔치기 되지만 살아있는 배우의 사인이 비싸게 팔린다는 뉘앙스여서 아미타브 밧찬의 인기를 실감할 수 있는 대목이다.

실제로 아미타브 밧찬을 추앙하는 팬이 그의 사진과 신발을 신

○ 아미타브 밧찬의 사원 모습

물로 모시는 사원을 만들어 기도와 의식을 드리고 있기도 하다.

아미타브 밧찬은 한때 잠시 정치에 몸을 담기도 했다. 하지만 다시 본업인 연기에만 충실히 임하고 있으며 〈까삐꾸씨 까삐깜Kabhi Khushi Kabhie Gham, 2001〉을 포함한 여러 작품에서는 노래를 직접 불러 실력을 뽐내기도 했다.

국내에서 개봉한 인도 영화 중 최고의 흥행작인 〈블랙Black, 2005〉에서는 시삭깅에인 제시에게 헌신히는 노회힌 선생님으로, 〈피쿠Piku, 2015〉에서는 딸에게 투정 부리는 천덕꾸러기 아버지로 분해, 다양한 모습을 보여주며 지금도 꾸준히 여러 작품에서 재치 넘치고 흥겨운 역할로 열심히 활동하고 있다.

그런데 아미타브 밧찬을 어디선가 본 것 같다고? 그것은 착각이 아니다. 그는 인도 영화뿐만 아니라 할리우드 영화 〈위대한 개츠비The Great Gatsby, 2013〉에서 마이어 울프셰임을 연기하기도 했다.

#라지니칸트

라지니칸트는 타밀언어권에서 활동하는 영화배우로 별명은 '단 하나의 슈퍼스타One and Only Superstar'이다. 무굴왕국에 밀려 인도 남부에 정착하게 된 드라비다족의 후예인 현재 타밀공동체는 북부 인도와는 다른 전통과 문화를 보존하며 자신들의 가치에 대한 자부심을 유지하고 있다.

그래서인지 타밀 영화는 뭄바이 중심의 볼리우드와는 다른 전통을 가지고 있다. 좀 더 액션이 잔인하고 리액션이 강해 우리나라 사람들이 보기엔 볼리우드 영화보다 더 어색한 영화적 흐름을 보여주는 경우가 많지만, 최근 영화를 보면 굉장히 세련되고 정교한 서사 구조의 볼리우드 스타일을 따르는 경향이 나타나고 있다.

라지니칸트가 주연을 맡고 아이쉬와라 라이가 같이 출연해 국내에서 〈로봇Enthiran, 2010〉이라는 이름으로 개봉했던 영화는 뛰어난 컴퓨터 그래픽 처리로 세련미가 돋보이는 작품인데 타밀 영화라는 사실에 다들 깜짝 놀라기도 했다.

라지니칸트는 우리나라에서 〈춤추는 무뚜Muthu, 1995〉라는 영화로 처음 소개되었는데, 이 영화는 1970년대 개봉했던 〈신상Haathi Mere Saathi, 1971〉 이후 최초로 우리나라 극장에서 정식 개봉한 인도 작품이다. 우리나라 영화 팬들에게 인도 영화가 촌스럽고 스토리의 개연성이 떨어지는 뜬금없는 영화라는 안 좋은

선입견을 심어준 대표작이기도 하
다.

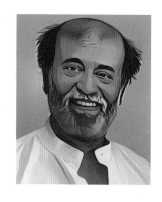

　하지만 라지니칸트는 타밀권에
서 강력한 팬덤이 형성되어 있는
배우다. 그가 출연한 영화가 흥행
에 실패하자 격분한 팬이 자살을
해서 해외 토픽에 오르기도 했다.
또한 한때 신장이 안 좋아 싱가포르에서 수술을 받는 등의 힘든
시기를 겪을 때마다 많은 팬들이 사원에 모여 그의 쾌유를 기원
하는 기도를 올려 화제가 되기도 했다.

카르텔처럼 단단한
볼리우드 명문 가문

1895년 뤼미에르 형제의 첫 상영으로 시작된 '영화'가 문화로서 전 세계로 퍼져나가는 데는 그리 오랜 시간이 걸리지 않았다. 인도는 특히 당시 영국의 식민지였던 탓에 유럽 문물이 빠르게 유입되고 있었기 때문에 영화 산업이 일찌감치 태동했다.

현재 인도 영화계를 이끄는 영화인 집안은 위키피디아에서도 힌디 영화 가문 리스트List of Hindi film clans라는 별도의 항목을 가지고 있을 정도로 다양하다. 그중에서도 큰 영향력을 가지는 가문 중 국내에 알려진 작품과 관련 있는 배우나 제작자를 중심으로 몇 곳을 소개해보겠다. 인도 영화 가문은 혼인 관계로 인해 새로운 인물이 유입되는 경우도 있지만, 다른 나라와 달리 카스트제도와 종교의 영향으로 배타적인 강한 결속을 유지하고 있다.

#카푸르_가문

○ 프리스비라지 카푸르   ○ 라즈 카푸르

카푸르 가문은 인도 연극 및 영화 산업의 선구자로 불리는 프리스비라지 카푸르Prithviraj Kapoor로 시작해 지금은 프리스비라지 카푸르의 아들 라즈 카푸르Raj Kapoor가 중심이 되었다. 라즈 카푸르는 희극배우로서 뛰어난 자질을 가지고 있으며 아버지에 이어 영화 제작에도 직접 참여했다. 천재 희극배우이자 훌륭한 제작자? 누군가가 생각난다. 그렇다. 그는 바로 '인도의 채플린'으로 불린다.

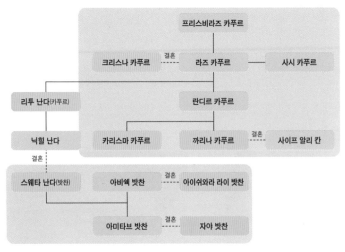

○ 카푸르 집안과 밧찬 집안의 간단 가계도

라즈 카푸르는 해방 직후 1950년대 인도 리얼리즘 영화계를 대표하는 영화인으로 자리 잡으며, 그의 동생 샤시 카푸르와 더불어 근대 인도 영화계를 이끄는 대표적인 영화인 집안을 이끌게 되었다. 그의 아들 란디르 카푸르는 1970~1980년대를 거쳐 최근까지 활동하고 있는 유명 배우이며, 우리에게 〈세 얼간이3 Idiots, 2009〉의 여자 주인공으로 알려진 카리나 카푸르Kareena Kapoor는 라즈 카푸르의 손녀이자 란디르 카푸르의 딸이다.

카푸르 가문은 이렇게 대중에게 알려진 배우뿐만 아니라 다른 여러 가문과 혼인 관계로 얽혀 있다. 따라서 카푸르 집안을 제외하고 볼리우드 영화계를 설명하는 것은 쉬운 일이 아니다.

그만큼 영화계 전반에서 많은 사람들이 활약하고 있고, 영향력 또한 막강하다.

참고로 〈슬럼독 밀리어네어Slumdog Millionaire, 2009〉에서 퀴즈쇼 진행자로 나왔던 아닐 카푸르는 성은 같지만, 우리나라에 김 씨 집안이 여럿이듯 또 다른 영화 명문가인 수린더 카푸르Surinder Kapoor 집안의 직계 자손이다.

#초프라_가문

또 하나의 볼리우드 명가는 초프라 가문Chopra Family이다. 프렘 초프라Prem Chopra에서 시작된 초프라 가문은 라즈 카푸르 가문과 서로 혼인 관계로 맺어져 있는 영화 가문이기도 하다. 또한, 프렘 초프라와 또 다른 초프라 가문으로 야쉬 초프라Yash Chopra로 시작하는 초프라 가문이 있다. 야쉬 초프라는 볼리우드 대표 영화 배급사인 야쉬 필름을 이끄는 제작자 겸 감독으로 샤룩 칸, 아미타브 밧찬, 라니 무케르지 등으로 이뤄진 야쉬 군단의 수장이자 볼리우드 대중 영화계를 한 단계 업그레이드했다는 평가를 받는다.

그의 두 아들 모두 유명한 제작자로 활동 중이며 특히, 둘째인 우다이 초프라Uday Chopra는 〈내 마음이 미쳤나 봐Dil To Pagal Hai, 1997〉, 〈둠 1, 2, 3Dhoom 1, 2, 3〉 시리즈에 출연한 배우로도 얼굴이

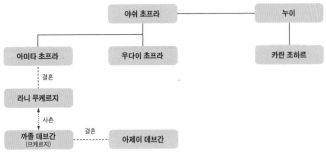

```
                    야쉬 초프라 ─────────────── 누이
          ┌──────────────┴──────────────┐              │
      아미타 초프라              우다이 초프라           카란 조하르
          │ 결혼
      라니 무케르지
          ↑ 사촌           결혼
      까졸 데브간 ┄┄┄┄┄┄ 아제이 데브간
      (무케르지)
```

○ 초프라 집안을 중심으로 한 가계도

알려져 있다.

〈패션Fashion, 2008〉과 〈돈Don, 2006〉 등에서 좋은 연기를 선보이고 미국 ABC에서 방영한 드라마 〈콴티코Quantico, 2015〉에도 출연해 88회 아카데미 시상식의 시상자로도 활약한 가수 겸 배우 프리앙카 초프라Priyanka Chopra 또한 초프라 집안 출신이다.

〈꾸츠 꾸츠 호타 헤Kuch Kuch Hota Hai, 1998〉와 〈까삐꾸씨 까삐깜 Kabhi Khushi Kabhie Gham, 2001〉 등을 연속으로 히트시키며 2000년대를 주름잡고 있는 볼리우드 야쉬 군단의 명감독 카란 조하르 Karan Johar 도 야쉬 초프라의 조카로 제작자로서 입지를 탄탄히 구축해가는 중이다.

#무케르지_가문+밧찬_가문

그 외에 국내 개봉작에서 찾아볼 수 있는 유명한 배우 집안으로 무케르지Mukherjee 가문과 밧찬Bachchan 가문이 있다. 무케르지 가문 배우로는 우리에게 〈블랙Black, 2005〉과 〈비르와 자라Veer Zaara, 2004〉 등으로 얼굴을 알린 라니 무케르지와 〈용감한 자가 신부를 데려가리Dilwale Dulhania Le Jayenge, 1995〉, 〈꾸츠 꾸츠 호타 헤Kuch Kuch Hota Hai, 1998〉, 〈까삐꾸씨 까삐깜Kabhi Khushi Kabhie Gham, 2001〉, 〈내 이름은 칸My Name Is Khan, 2010〉에서 샤룩 칸과 찰떡궁합을 과시했던 까졸 무케르지가 있다.

까졸과 라니는 사촌 간으로 같은 영화에 함께 출연한 적도 많고 병죄제니 성식 개봉빈 병죄에서 사주 등상해 우리에세도 친숙한 배우들이다. 무케르지 가문의 대표 배우인 두 사람 중 까졸은 볼리우드의 유명 배우 아제이 데브간과 결혼해서 까졸 데브간이 되었고, 라니는 초프라 집안의 장남인 아디타 초프라와 결혼해서 라니 초프라가 되었다.

이번엔 밧찬 가문을 살펴보자. 신이 되어버린 당대 최고의 원로 배우인 아미타브 밧찬Amitabh Bachchan과 그의 아내 자야 밧찬Jaya Bachchan은 모두 1970~1980년대를 주름잡았던 배우로 현재도 왕성하게 활동 중이며 아들과 딸도 배우로 활약하고 있다. 아미타브 밧찬의 아버지도 유명한 영화인이었으며, 아들인 아비섹 밧찬Abhishek Bachchan도 현재 인기 배우로 왕성하게 활동 중이다.

아비쉑 밧찬은 인도 최고 미녀 배우로 손꼽히며 할리우드까지 진출했던 월드 스타 아이쉬와라 라이Aishwarya Rai Bachchan와 결혼했는데, 둘 사이에 태어난 어린 딸도 벌써 연예계의 관심이 집중되고 있다. 그리고 아미타브 밧찬의 딸 스웨타 밧찬은 카푸르 집안으로 시집을 갔다.

○ 역대 밧찬

미국도 그렇지만 우리나라 영화계에도 자녀나 그 후손들이 대를 이어 배우 또는 제작자가 되어 대중의 사랑을 받는 경우가 많다. 재능은 유전되는 것이니 어떤 면에서는 충분히 이해되는 상황이기도 하다.

　인도에는 여전히 계급주의인 카스트 문화가 깊게 남아 있기 때문에 배우자를 선택할 때 상대방의 집안과 배경을 중요시하는 풍습이 강하다. 이러한 영향으로 마치 우리나라의 재벌들이 그러하듯 볼리우드 내 영화인 집안들끼리 혼인 관계로 복잡하게 얽혀 있다. 그러나 영화계의 이러한 결속은 능력이 뛰어난 신인 배우나 영화인들이 특정 집단의 도움 없이는 성장하고 살아남기 힘든 환경을 만들어 인도 영화계의 미래를 불확실하게 만드는 요소로 작용하기도 한다.

　이에 영화 가문 출신이 아닌 자수성가형 배우 '캉가나 라나우트'가 TV쇼 인터뷰에서 공개적으로 인도 영화계의 족벌주의를 비판하는 용기 있는 발언을 해 대중의 많은 지지를 받았지만 동시에 영화계 인사들로부터 공격을 받기도 했다.

별들의 전쟁,
볼리우드의 배우들
+ 인도 영화, 요즘 뜨는 스타들

당연한 이야기지만 인도에서 사랑받는 중요한 배우 몇 명만 알아도 인도 영화를 훨씬 재미있게 볼 수 있다. 지금 인도 영화계는 1990년대와 2000년대를 풍미했던 남자 배우 중심의 3대 칸 시대가 점차 저물고, 새로운 신진 배우들이 두각을 나타내는 춘추전국시대가 펼쳐지고 있다.

남자 배우의 경우 카푸르 가문의 적자인 란비르 카푸르Ranbir Kapoor와 2010년 늦은 나이에 혜성처럼 데뷔한 신인으로 대작 감독들의 러브콜을 받으며 두각을 나타내고 있는 또 다른 란비르, 란비르 싱Ranveer Singh의 활약이 돋보인다.

여자 배우들은 아이쉬와라 라이와 까졸 등의 바통을 이어받아 미국 드라마에서 주인공을 맡아 국제적인 입지를 다지고 있는 프리앙카 초프라를 비롯해 디피카 파두콘, 캉가나 라나우트, 알리아 바트 같은 연기파 배우들이 맹렬히 활동하고 있다.

#악쉐이_쿠마르Akshay Kumar

1967년생인 악쉐이 쿠마르는 3대 칸과는 다른 영역에서 독보적인 존재감을 보이는 배우다. 2016년 〈포브스〉의 발표에 따르면 세계에서 가장 논을 낳이 번 배우들 순위에서 공동 8위를 한 샤룩 칸에 이어 인도 배우로는 두 번째이자 세계에선 10번째로 이름을 올렸다.

인도 영화에서는 〈하우스풀Housefull〉 시리즈 등을 통해 코믹한 역할로 덤앤더머의 짐 캐리에 버금가는 위치를 차지하고 있다. 최근에는 〈루스톰Rustom, 2016〉에서 정극에도 통하는 연기를 보여주며 변신을 꾀하기도 했다.

악쉐이 쿠마르는 황금사원으로 유명한 인도 펀자브 지방 암리차르 출신으로 아버지는 육군 장교였다. 유년 시절은 델리의 찬드니 촉에서 보냈고, 이후 뭄바이로 옮겨왔으며 나낙 칼사 칼리지에 등록했으나 1년 후 자퇴했다. 태권도 유단자였던 악쉐이 쿠마르는 방콕에 가서 무에타이와 요리를 배운 후 인도로 돌아와 무술 강사로 일하다가 우연한 기회에 자신의 수강생 추천으로 모델 분야에 뛰어들었다.

그러던 어느 날 방갈로르에서 광고 촬영을 위한 비행기를 놓쳐 실망감에 빠졌고 이런 상황을 극복하고자 자신의 포트폴리오를 들고 방갈로르 영화 스튜디오를 찾아갔는데, 이때 바로 영화 〈디다르Deedar, 1992〉의 주연으로 발탁되면서 본격적으로 배우의 길에 들어선 독특한 이력의 소유자이다.

특별히 춤을 잘 추거나 연기력이 뛰어나진 않지만, 시크교 특유의 성실성과 스캔들 없는 철저한 자기 관리로 샤룩 칸과 함께 인도 영화계에서 인맥 없이 자수성가한 배우로 알려져 있다. 흥행한 영화가 많지만 시크로서의 정체성을 코믹하게 잘 표현한 〈싱 이즈 킹Singh Is Kinng, 2008〉과 서로 다른 커플이 어쩔 수 없이 한집에서 모여 살며 부모님을 속이기 위해 거짓을 연기해야 하는 상황을 코믹하게 그려낸 〈하우스풀Housefull〉 시리즈를 대표작으로 추천한다.

#아이쉬와라_라이 Aishwarya Rai Bachchan

결혼으로 생겨난 성인 밧찬을 붙여서 '아이쉬와라 라이 밧찬'이 정식 이름이다. 하지만 '아이쉬와라 라이'로 부르는 것을 더 편하게 느끼는 사람들이 많은 데다 위키피디아에서도 공식 명칭을 '아이쉬와라 라이'까지만 사용하므로 여기서는 '아이쉬와라 라이'로 쓰겠다.

1994년 미스 월드 출신으로 '세계에서 가장 아름다운 옥은 '여신'급 미모라는 수식어가 붙는 여배우다. 이름의 앞부분만을 따서 '애쉬Ash'라고 줄여서 부르기도 하는데 정작 본인은 '애쉬'라는 애칭을 좋아하지 않는다고 한다. 데뷔는 타밀어권에서 시작했지만 〈함 딜 데 추케 사남Hum Dil De Chuke Sanam, 1999〉이라는 작품으로 볼리우드에서 입지를 확보했으며, 이후 〈데브다스Devdas, 2002〉, 〈조다 악바르Jodhaa Akbar, 2008〉 등 다수의 볼리우드 작품에 출연했다.

인도에서는 언어권별로 영화가 만들어지다 보니 다른 언어권 영화에 출연하는 배우들이 종종 있는데, 아이쉬와라 라이는 자신의 출신지인 타밀어권 영화에도 자주 출연하는 편이다. 대표적인 타밀어권 영화로는 라지니칸트와 함께 출연, 뛰어난 컴퓨터 그래픽 작업을 보여주며 국내에서도 개봉했던 〈로봇Enthiran, 2010〉이 있다.

아이쉬와라 라이는 특히 샤룩 칸과 함께 주연을 맡은 〈데브다스Devdas, 2002〉의 성공으로 세계적 인지도를 얻게 되는데, 2003년 칸 영화제 심사위원으로 위촉되어 '칸 영화제 심사위원이 된 첫 번째 인도 여배우'라는 명성을 보유하게 된다. 이후 간간이 영어권 영화에도 출연해 2004년에는 〈오만과 편견〉의 인도식 해석인 〈신부와 편견Bride and Prejudice, 2004〉이라는 작품을 찍었고, 2005년에는 〈러브 인 샌프란시스코The Mistress Of Spices, 2005〉라는 영화로 할리우드에 진출하기도 했다.

현재는 아미타브 밧찬의 아들 아비쉑 밧찬과 결혼 후 딸을 키우는 엄마이자 인도 영화계를 대표하는 세계적 여배우로도 왕성하게 활동하고 있다.

#리틱_로샨Hrithik Roshan

리틱 로샨은 1974년생으로 인도 영화 팬들 사이에선 '인도의 실베스터 스탤론'으로 불리는 근육질 배우다. 또한, '인도의 마이클 잭슨'으로 불릴 만큼 자신만의 색깔로 춤을 잘 추는 볼리우드의 대표 춤꾼 배우이기도 하다. 라케쉬 로샨이라는 유명한 영화감독 겸 제작자의 아들로 근육질 몸매를 가진 것과 대조적으로 코믹물에도 잘 어울리는 배우다.

힌디어로 발음하면 '흐리틱 로샨'으로 발음되는 것이 맞다고 하는데 H 발음이 워낙 희미하게 들리기 때문에 일반적인 동영상에선 '리틱 로샨'에 더 가깝게 들리고 국내에서도 리틱 로샨으로 표기하는 것이 일반적이다.

야성적인 생김새에 걸맞게 초반에 찍은 〈미션 카슈미르Mission Kashmir, 2000〉와 〈피자Fiza, 2000〉에서는 상남한 액션을 신보이며 진지하고 반항적인 기질이 강한 인물을 연기했지만, 지적인 능력이 약간 떨어지는 성인이 우연히 지구에 낙오된 외계인을 만나 슈퍼파워를 갖게 되는 〈꼬이 밀 가야, 누군가를 만났어Koi... Mil Gaya, 2003〉에서 특유의 코믹성을 잘 드러내어 각종 어워드에서 주연상을 거머쥐었고, 이후 시원한 외모에 세련된 액션을 겸비한 개성 있는 코믹 연기를 뽐내는 배우로 거듭났다.

특이한 점은 리틱 로샨을 정상에 올려놓은 〈꼬이 밀 가야, 누군가를 만났어Koi... Mil Gaya, 2003〉와 그 후속편 격인 〈수퍼 히어로 끄리쉬Krrish, 2006〉 모두 아버지인 라케쉬 로샨이 직접 감독으로 참여했다는 것이다. 아마도 감독이 아버지였기에 아들의 장점을 가장 잘 인지해 더 좋은 작품이 나온 것이 아닐까 싶다.

리틱 로샨은 인도에서 터부시되는 오른손 엄지가 2개인 다지증 장애가 있어 초기작에서는 엄지가 보이지 않도록 가리는 경우가 많았는데, 요즘엔 개의치 않는 것 같다. 카스트 제도가 아직도 살아 있는 인도에서 장애가 있다는 것은 굉장히 불리한 일이라 초기에는 가급적 드러내지 않으려고 했던 것 같다.

열렬한 구혼 끝에 결혼해 오랫동안 함께 살았던 수산나 칸과의 이혼으로 많이 힘들어 했던 것으로 알려졌다. 특히 캉가나 라나우트의 폭탄 발표로 인해 이혼의 원인이 누구에게 있었는지를 두고 논란이 가열되어 타격을 입기도 했다. 최근까지 꾸준히 작품 활동을 하고 있지만, 아버지의 영향력을 벗어난 영화서는 뚜렷한 성적을 내지 못하고 있다는 게 아쉬울 따름이다.

#사이프_알리_칸 Saif Ali Khan

배우 겸 프로듀서로 활약하고 있는 사이프 알리 칸은 〈딜 차타 헤Dil Chahta Hai, 2001〉, 〈내일은 오지 않을지도 몰라Kal Ho Naa Ho, 2003〉, 〈살람 나마스테Salaam Namaste, 2005〉, 〈칵테일Cocktail, 2012〉 같은 영화에서 활기 넘치고 호기로운 역을 주로 맡았다.

그는 1993년의 데뷔작으로 필름페어 어워드에서 신인남우상을 수상하며 관심을 받았다. 이후 까졸과 악쉐이 쿠마르가 함께 출연했던 〈예 딜레기Yeh Dillagi,
1994〉를 제외하곤 뚜렷하게 흥행
에 성공한 영화가 없어 고전하다
가 〈딜 차타 해Dil Chahta Hai, 2001〉로
다시금 대중의 주목을 받았다.
2003년에는 샤룩 칸과 프리티 진
따가 함께 출연한 〈내일은 오지 않
을지도 몰라Kal Ho Naa Ho, 2003〉로 흥행에 성공, 배우의 입지를 다
지며 그해 필름페어 남우조연상으로 연기력까지 인정받았다.

그 후에도 〈살람 나마스테Salaam Namaste, 2005〉, 〈레이스Race,
2008〉 등에서 주연을 맡아 영화를 성공시키며 자신만의 입지를
확실하게 다졌다. 본인이 직접 프로듀싱한 인도 영화 사상 최초
의 본격 좀비 영화인 〈좀비야 내가 간다!Go Goa Gone, 2013〉에선
러시아 갱이자 냉철한 상황 판단으로 위기를 헤쳐나가는 인물
을 연기하기도 했다.

배우였던 전처 암리타 싱과 이혼 후 최근 카리나 카푸르와 재
혼해 카푸르 집안의 일원이 되었다.

#카리나_카푸르Kareena Kapoor

카리나 카푸르는 1980년생으로 이름에서 짐작할 수 있듯이 유명한 영화 가문인 카푸르 출신이다. 먼저 배우가 된 언니의 뒤를 이어 배우로 활동하기 시작했으며, 〈아소카Asoka, 2001〉, 〈까삐꾸씨 까삐깜Kabhi Khushi Kabhie Gham, 2001〉, 〈세얼간이3 idiots, 2009〉 등 흥행작에 출연했다.

아직 원톱으로 내세울 만한 작품은 없으나 국내에 소개된 작품에 자주 등장하기에 우리나라 인도 영화 팬에게도 많이 알려진 배우이며, 앞에서 소개한 사이프 알리 칸과 결혼했다. 언뜻 보기에는 강인한 역할에 적합할 것 같지만 코미디 장르도 잘 소화한다. 때문에 〈아소카Asoka, 2001〉 같은 영화에서는 여전사로 등장하기도 했으나, 감성적 역할보다는 발랄하고 톡톡 튀는 성격의 배역에 더 잘 어울리는 배우로 알려져 있다.

#라니_무케르지Rani Mukerji

라니 무케르지는 국내에 소개된 인도 영화에 가장 많이 출연한 여배우가 아닌가 싶다. 유명한 무케르지 가문에서 태어나 배우로 데뷔한 후 수많은 흥행작에 주연과 조연으로 출연했다. 주로 청순가련형 여성이나 지적인 여성의 이미지를 많이 연기했으며, 아쉬 초프라의 장남 아디탸 초프라와 2014년 결혼했다.

인도판 헬렌 켈러 이야기를 다룬-인도 대중 영화로는 드물게 춤과 노래가 없는 영화로 더 유명했던-〈블랙Black, 2005〉에서 시각장애인 역할을 훌륭하게 소화해 깊은 인상을 남겼으며, 국경을 뛰어넘는 사랑을 다룬 〈비르와 사라Veer-Zaara, 2004〉에도 출연했다.

곱상한 얼굴과 달리 허스키한 목소리를 가졌으며, 그 누구도 흉내 낼 수 없는 독특한 매력의 배우로 평가받고 있다.

#마두리_딕시Madhuri Dixit

‘춤의 여왕’이라는 별명을 가지고 있으며, 마두리가 나오는 영화와 아닌 영화로 구분할 정도의 팬덤을 가지고 있는 배우다.

미국의 유명한 코미디 드라마인

〈빅뱅이론 시즌2〉에서 셸든이 라지(인도 출신 과학자)의 집에 놀러 갔을 때 라지가 보고 있던 인도 영화를 보고 아이쉬와라 라이가 마두리 딕시의 짝퉁이라고 말해서 라지가 화를 내는 장면이 나온다. 드라마에서는 셸든이 어떤 사실에 집착하는 덕후라는 것을 보여주는 유머러스한 장면이지만, 실제 인도 영화계에서는 마두리 딕시의 존재감이 아이쉬와라 라이에 결코 뒤지지 않는다는 걸 간접적으로 보여준 장면이라 할 수 있다.

〈빅뱅이론 시즌2의 그 장면. 사실은 옥의 티?!〉

위에서 설명한 이 장면은 일종의 옥의 티로, 실제 음악은 리틱 로샨과 아미샤 파텔이 나온 〈사랑한다고 말해줘Kaho Naa... Pyar Hai, 2000〉가 흐르고 있지만 〈데브다스Devdas, 2002〉의 한 장면인 '돌라 레 돌라Dola Re Dola' 라는 마살라 신에 대해 이야기를 나누는 상황으로 추측할 수 있다. 아이쉬와라 라이와 마두리 딕시가 함께 나와 춤 대결을 하는 유명한 영화가 〈데브다스Devdas, 2002〉다.

한때는 대작 영화의 단골 출연 배우였으며, 인기가 절정에 이를 즈음에는 영화의 마무리에 딕시가 출연하는 것을 전제로 안무를 짤 정도였다. 마두리 딕시는 보통의 배우가 소화하기 힘든

안무도 거뜬히 해낼 수 있는, 춤에 있어서는 독보적인 역량을 자랑하는 배우이다.

〈아자 나칠레Aaja Nachle, 2007〉는 춤과 사랑을 찾아 뉴욕으로 도망가 성공한 브로드웨이 댄서 겸 안무가의 이야기를 담은 영화로 마두리 딕시를 전면에 내세운 대표적인 작품이다. 영화는 주인공이 젊은 시절 스승의 임종을 계기로 고향에 돌아온 후, 전통이 서려 있는 극장이자 폐허가 된 고대 유적이 쇼핑몰로 사라지는 것을 막기 위해 고향 사람들로 공연팀을 구성하고, 유명한 고전 속 사랑 이야기 〈머자눈과 라일라〉를 뮤지컬로 공연하는 내용을 담고 있다.

영화 사세가 뮤지컬을 준비하는 과정에 관한 내용이고 큰카 이맥스에서는 한 편의 뮤지컬이 막힘없이 펼쳐지기 때문에 인도식 고전 뮤지컬을 제대로 관람할 수 있다는 점이 이 영화의 또 다른 매력이다. 하지만, 무엇보다도 '춤의 여왕'인 마두리 딕시의 진면목을 잘 보여주고 있기 때문에 '마두리와 춤을'이라는 애칭으로 불리기도 한다.

이 영화의 또 다른 재미는 주인공 마두리 딕시가 미국에서 결혼해 딸 하나를 홀로 키우는 이혼녀로 나온다는 점인데, 영화 곳곳에서 이혼녀와 여성에 대한 편견에 맞서야 하는 주인공의 모습이 당시 인도 영화에서는 흔하지 않은 설정이라 더욱 흥미롭다.

#이르판_칸 Irrfan Khan

이르판 칸은 인도에서 꾸준히 활동해온 배우이지만 해외에서 먼저 인정을 받았다. 푸근한 옆집 아저씨 같은 외모 때문에 뚜렷한 이미지나 개성이 드러나지 않아 주연급으로 성장하는 데 꽤 긴 시간이 걸렸다.

감초 역할을 멋지게 해내는 조연 배우로 시작해 이제는 국제 무대에서 인도를 대표하는 배우 중 한 사람으로 입지를 다졌으며, 〈슬럼독 밀리어네어Slumdog Millionaire, 2009〉, 〈어메이징 스파이더맨The Amazing Spider-Man, 2012〉, 〈라이프 오브 파이Life of Pi, 2013〉, 〈쥬라기 월드Jurassic World, 2015〉, 〈인페르노Inferno, 2016〉 같은 할리우드 영화에 자주 등장하는 인도 배우로 더 잘 알려져 있다.

1967년생으로 2000년 초반까지 그다지 주목받지 못했으나 작은 역할부터 차곡차곡 쌓은 연기력을 인정받아 인도 필름페어에서 조연상을 수상한 대기만성형 배우다. 〈런치박스The Lunch-box, 2013〉에서는 정년을 앞두고 있지만 로맨틱한 도시락을 받는 주인공이 되기도 하고, 〈피쿠Piku, 2015〉에서는 까탈스러운 여주인공을 은근히 사모하는 택시 회사 사장이자 장거리 택시 운전을 자처하는 순정남의 모습을 보여주는 로맨틱한 주인공으로 등장하는 경우가 많다.

〈힌디 미디엄Hindi Medium, 2017〉에서는 자수성가한 졸부로 자식을 위한 맹모삼천지교의 아버지 버전을 보여주며 자기만의 색깔이 분명한 배우로 확실히 자리매김했다. 그러나 안타깝게도 2020년 4월 지병으로 유명을 달리했다.

#나와주딘_시디퀴Nawazuddin Siddiqui

1974년생인 나와주딘 시디퀴는 다른 배우들에 비해 상대적으로 출연작이 적은 편이지만 인도 영화계의 대표적 연기파 배우로 손꼽힌다. 〈와시푸르의 갱들Gangs of Wasseypur, 2012〉로 자신의 존재를 알리기 전까지는 주로 조역이나 단역을 전전하는 배우였다. 뒤늦게 존재감이 부각되었지만 그의 연기력은 오래전부터 인정받아왔다.

인도 영화사 100주년을 기념해서 만들어진 〈봄베이 토키스Bombay Talkies, 2013〉라는 옴니버스 영화에서 나와주딘 시디퀴는 4편 중 한 편의 에피소드에서 남자 주인공으로 열연했다. 꿈꿔

왔던 배우의 길을 버리고 평범하게 살아가던 한 남자가 우연히 길거리에서 캐스팅되어 유명 배우가 주연한 영화에서 지나가는 행인 역을 연기하게 되면서 잃었던 연기에 대한 꿈을 이루기 위해 혼신의 힘을 다하는 모습을 잘 보여주었다.

샤룩 칸이 주인공으로 열연한 〈부자들Raees, 2017〉에서 강직한 경찰관으로 출연하는 등 아직은 갱이나 경찰 같은 강렬한 모습을 주로 연기하고 있지만, 연기의 폭이 넓어 앞으로 보여줄 새로운 배역들에 대한 기대가 큰 배우다.

#까졸Kajol

유명한 영화 가문인 무케르지 출신으로 결혼 전 이름은 까졸 무케르지였고, 1999년 아제이 데브간과 결혼하면서 까졸 데브간이 정식 이름이 되었다. 그러나 대중에게는 성을 생략한 까졸로 불리고 있다.

다양한 영화에 출연했는데, 특히 샤룩 칸과 함께 출연한 영화에서 더없이 좋은 호흡을 보여주는 배우다. 두 배우가 함께한 대표작 〈용감한 자가 신부를 데려가리Dilwale Dulhania Le Jayenge,

1995〉를 필두로 〈꾸츠 꾸츠 호타 헤Kuch Kuch Hota Hai, 1998〉, 〈까삐꾸씨 까삐깜Khushi kabhi Gham, 2001〉에서 샤룩 칸과 함께 야쉬 군단의 대표 배우로 대접받았으나, 결혼과 출산으로 2000년대 중반을 넘어서면서 작품 활동이 줄어들었다. 하지만 〈내 이름은 칸My Name Is Khan, 2010〉과 〈딜발레Dilwale, 2015〉를 통해 "샤룩 칸과 까졸이 함께하면 흥행에 성공한다"라는 공식을 여전히 증명하고 있다.

#아제이_데브간Ajay Devgn

아제이 데브간은 1969년생으로 2008년에 Devgan에서 Devgn으로 성을 바꿨다. 인도에서는 유명한 배우이지만 우리에겐 익숙한 얼굴이 아니기에 국내 인도 영화 커뮤니티에서는 한동안 '까졸의 남편'으로 더 잘 알려져 있었다. 그러나 인도에서는 정상급 배우일 뿐만 아니라 감독, 제작자로 영화계 전반에 걸쳐 왕성하게 활동하고 있다.

특히, 'Ajay Devgn Films'라는 영화사를 설립해 본인 주연 영화를 주로 제작하며 〈메마른 삶을 안고 튀어라Parched, 2015〉라는 사회성 짙은 여성주의 영화의 제작에 참여하기도 했다. 2015년부터는 컴퓨터 그래픽 기반의 영화 특수효과VFX 사업에 뛰어들어 〈프렘 라탄 단 파요Prem Ratan Dhan Payo, 2015〉, 〈타마샤Tamasha, 2015〉, 〈바지라오 마스타니Bajirao Mastani, 2015〉, 〈당갈Dangal, 2016〉, 〈자가 자수스Jagga Jasoos, 2017〉 등의 특수효과를 담당하기도 했다.

#아비쉑_밧찬Abhishek Bachchan

아비쉑 밧찬은 1976년생으로 인도의 원로 대배우 아미타브 밧찬의 아들이자 여배우 아이쉬와라 라이의 남편으로, 주로 액션 영화에서 선이 굵은 연기를 선보이는 중견 배우다. 한때는 플레이백 싱어로 잠깐 활동한 적도 있다.

둠 시리즈에서는 천재 도둑을 쫓는 열혈 형사로 나오기도 하지만 마니 라트남 감독의 〈구루Guru, 2007〉에서는 역경을 이겨내며 사업을 일구어가는 자수성가한 사업가로, 〈델리 6Delhi-6, 2009〉에서는 인도계 이민자의 아들로 태어나 할머니의 고향인 델리로 돌아온 서양식 사고방식을 가진 주인공으로 불합리한 인도의 현실을 마주하고 고뇌하는 인물을 연기했다. 전반적으로 부모의 재능을 물려받아서인지 무난한 연기력을 보여주며 작품 활동을 이어가고 있지만, 배우로서 딱히 두드러진 면모를 보여주지는 못하는 듯하다.

마니 라트남 감독의 〈라아반Raavan, 2010〉은 두 가지 언어 버전으로 제작되었는데, 힌디어 버전은 아비쉑 밧찬이, 타밀어 버젼은 〈라아바난Raavanan, 2010〉이라는 제목으로 타밀 배우 비크람이 주인공을 맡고 여주인공은 두 작품 모두 아이쉬와라 라이가 연기했다. 동일한 감독이 동일한 각본을 토대로 연출한 영화이지만 여러 가지 평가를 떠나 타밀어 버전이 배 이상의 월등한 흥행 성적을 냈다는 사실이 아비쉑 빗찬에 대한 선방을 내신한다고 볼 수 있다.

#프리앙카_초프라Priyanka Chopra

1982년생인 프리앙카 초프라는 2000년 미스 월드 인도 대표로 뽑힌 것을 계기로 연예계에 데뷔했다. 배우 겸 가수이자 영화 제작자, 환경운동가 및 자선사업가로 다양한 활동을 펼치고 있는 배우로

2017년 〈포브스〉 선정 '세계에서 가장 영향력 있는 100인의 여성'에 들기도 했다. 배우로서 성공하고자 하는 열망이 많은 편이라 까다롭고 어려운 역할에도 자주 도전한다. 미국으로 유학을 가 10대 시절을 미국에서 보낸 그녀는 피부색 때문에 학교에서 따돌림을 당하는 소심한 소녀였다고 한다.

〈패션Fashion, 2008〉에서는 모델 세계의 뒷모습을 보여주며 당시 인도에선 파격적인 노출신을 찍기도 했다. 〈바르피!Barfi!, 2012〉에서는 정신지체를 앓고 있지만 순수하고 순진무구한 사랑을 이루어내는 역할을 훌륭하게 소화해 냈다. 〈마리 콤Mary Kom, 2014〉에서는 격렬한 여성 복서의 모습을 연기하는 등 다양한 역할을 하며 끊임없이 자신을 바꾸고 발전하기 위해 노력하는 배우다. 그런 노력의 결과 2015년부터 미국 TV 드라마 〈콴티코Quantico, 2015〉에서 주인공으로 시리즈를 이끌어가고 있으며, 현재는 할리우드에 진출해 다양한 작품의 주연을 꿰차고 있다.

그녀는 배우로서의 활동 외에도 싱글 앨범만 3개를 낸 가수이자 실험적인 작품을 만드는 영화 제작사를 이끌고 있다. 아울러 유니세프와 10년간 일하며, 2010년과 2016년에는 유엔 아동인권 친선대사를 역임하는 등 사회활동도 열성적으로 하고 있다. 또한 2018년에는 싱어송라이터 겸 배우인 닉 조나스와 결혼했고 2022년 첫 아이를 얻었다.

#디피카_파두콘Deepika Padukone

1986년생인 디피카 파두콘은 남인도 방갈로르 출신 여배우다. 비누 모델로 연예계 생활을 시작했으며, 영화배우로는 칸나다어권에서 첫 작품을 찍었다. 샤룩 칸과 함께한 〈옴 샨티 옴Om Shanti Om, 2007〉으로 필름페어 신인여우상을 수상하면서 흥행과 연기력 모두 좋은 평가를 받으며 볼리우드에 입성했다.

아미르 칸과 타니쉬 신구 비교되는 색신급 비모의 소유시보 〈칵테일Cocktail, 2012〉과 〈타마샤Tamasha, 2015〉에서처럼 도시적이고 현대적인 발랄한 여성 역할을 주로 연기했다. 반면 고전에도 잘 어울리는 외모라 산제이 릴라 반살리 감독의 〈람릴라Goliyon Ki Raasleela Ram-Leela, 2013〉, 〈바지라오 마스타니Bajirao Mastani, 2015〉에 이어 〈파드마바트Padmaavat, 2018〉에도 출연했다. 2017년에는 트리플 엑스 시리즈 〈XXX: Return of Xander Cage, 2017〉에 출연해 할리우드에 진출한 또 한 명의 인도 배우로 이름을 올렸고, 2018년에 란비르 싱과 결혼해 스타 커플로 등극했다.

#란비르_카푸르Ranbir Kapoor

란비르 카푸르는 라즈 카푸르로 대표되는 유명한 카푸르 가문 출신으로 1982년에 태어났다. 라즈 카푸르를 똑 빼닮은 듯한 강렬한 연기력의 소유자로 가문의 명성을 이어가고 있다. 산제이 릴라 반살리 감독 작품의 조연출을 담당하면서 본격적으로 영화계에 입성했으며, 동일 감독의 〈사와리야Saawariya, 2007〉에 출연하면서 영화배우로 데뷔, 같은 작품으로 그해 필름페어 최우수조연상을 수상하며 단숨에 연기력을 갖춘 배우로 자리매김했다.

출연 작품이 많은 편은 아니지만, 작품마다 자신만의 독특한 캐릭터를 만들어내며 존재감을 과시해 인도 영화계의 차세대를 이끌어갈 배우로 주목받고 있다.

배우로서뿐만 아니라 사생활로도 화제가 많이 되고 있는데, 매번 작품에서 만나는 여배우와 공개 연애를 하는 것으로 유명했다. 그러나 2022년 방탕한 생활에 종지부를 찍고 인도의 인기 여배우 알리아 바트와 비공개로 결혼을 해 사람들을 놀라게 했다. 참고로 한국 팬들에겐 배우 이광수를 닮았다고 해서 두 사람의 이름을 합친 '란수'라는 별명을 가지고 있다.

시네마 인도

#란비르_싱Ranveer Singh

란비르 싱은 1985년생으로 란비르 카푸르와 함께 3대 칸에 이어 차세대 인도 영화를 중추적으로 이끌어갈 리더 중 하나로 꼽히는 배우다. 그는 결혼을 앞둔 한 남녀의 이야기를 다룬 로맨틱 코미디 영화 〈웨딩 플래너스Band Baaja Baaraat,

2010〉로 아쉬 군단에서 데뷔했다. 나이에 비해 늦은 데뷔였지만 마치 기다렸다는 듯이 선 굵고 시원시원한 연기를 펼쳐 산제이 릴라 반살리 감독의 눈에 띄어 발탁되었다.

란비르 싱은 디피카 파두콘과 환상의 궁합을 자랑하며 〈람릴라Goliyon Ki Raasleela Ram-Leela, 2013〉와 〈바지라오 마스타니Bajirao Mastani, 2015〉에 이어 〈파드마바트Padmaavat, 2018〉까지 연달아 함께 캐스팅되었다. 데뷔 이후 거의 매년 각종 시상식에 빠지지 않고 초대받는 등 연기력 또한 인정받고 있어 출연한 작품 수에 비해 성장 가능성이 큰 배우로 주목받고 있다.

#캉가나_라나우트Kangana Ranaut

캉가나 라나우트는 교사인 어머니와 사업가 아버지 사이에서 1987년에 태어났으며, 인도 영화계에서는 드물게 영화 가문이나 미인 대회 출신이 아님에도 불구하고 성공한 여배우 중 한 명이다. 한국에서의 올로케이션 촬영으로 국내에서 더 유명했던 〈갱스터Gangster, 2006〉로 화려하게 데뷔했다. 이 작품으로 필름페어 여우조연상을 수상했을 뿐만 아니라, 그 외 여러 시상식을 석권했다. 이후 다수의 작품에 출연하며 연기력과 흥행 면에서 성공적인 배우로 자리매김했다.

특히 〈타누의 짝은 마누?Tanu Weds Manu, 2011〉, 〈퀸Queen, 2013〉, 〈랑군Rangoon, 2017〉에서는 남성에게 이끌리지 않고 톡톡 튀면서도 강인한, 조금은 사차원적인 매력을 지닌 독특한 캐릭터를 연기하며 인도의 새로운 여성상을 만들어가고 있다.

영화 〈퀸Queen, 2013〉은 결혼 직전 남자에게 버림받은 주인공이 사전에 계획했던 신혼 여행지인 유럽을 홀로 여행하던 중 우연히 마주친 사람들과 다른 여행자들을 통해 자신을 재발견하고 자아를 찾아가는 내용을 담은 작품이다. 캉가나 라나우트는 이 작품을 통해 여전히 제약과 금기로 가득한 인도 내에서 도전적이고 적극적인 신新인도 여성상을 멋지게 그려내 그해 각종 시상식을 쌓쓸이했을 뿐만 아니라 흥행 면에서도 성공했다.

영화적 인기와는 별개로 리틱 로샨과의 염문설이나 인도 영화계의 족벌주의를 공개적으로 비판하는 등 여러 면에서 구설수에 오르기도 했다.

#알리아_바트Alia Bhatt

알리아 바트는 1993년생으로 난나바이 바트Nanabhai Bhatt로 대표되는 바트 가문의 일원이다. 바트 가문은 인도 내에서 지명도가 높은 편은 아니지만, 알리아 바트의 사촌 이내 사람들이 대부분 영화계에서 활동할 정도로 꽤 영향력이 있다.

알리아 바트는 개성 있는 외모라고는 할 수 없으나 연기력으로 자신의 길을 개척해나가고 있는 젊은 배우로, 야쉬 군단의 블록버스터 전문 감독 카란 조하르의 로맨틱 코미디 〈스튜던트 오브 더 이어Student of the Year, 2012〉로 데뷔했다. 데뷔작의 성적이 나쁘진 않았고 나름 여러 시상식에서 신인 여배우로 노미네이트되는 등 시작은 꽤 성공적이었다고 할 수 있으나, 의외로 큰 관심을 받지는 못했다. 하지만 곧 〈투 스테이츠2 States, 2014〉와 〈하이웨이Highway, 2014〉에서 개성 넘치는 연기를 선보이며 흥행 배우로 자리매김하면서 영화계의 신성으로 떠올랐다.

〈우드타 펀자브Udta Punjab, 2016〉에서는 마약 조직에 굴하지 않고 자신의 상황을 타개해나가는 여성으로 분해 몸을 사리지 않는 열연을 펼쳤으며, 〈디어 친다기Dear Zindagi, 2016〉에서는 연애와 자신의 정체성 사이에서 고민하는 젊은 여성을 연기하며 인간 내면의 갈등과 거침없는 젊은이의 모습을 잘 보여주는 등 꾸준히 성장하고 있다.

최근에는 〈강구바이 카티아와디Gangubai Kathiawadi, 2022〉에서 영화의 주인공이자 실존 인물인 강구바이 코테왈리를 연기해 호평받았고, 2022년 란비르 카푸르와 비공개로 결혼식을 올려 화제가 되었다.

#아르준_카푸르Arjun Kapoor

아르준 카푸르는 1985년생으로 수린더 카푸르Surinder Kapoor로 대표되는 유명한 카푸르 가문의 일원이다. 이 가문의 유명한 배우로는 〈슬럼독 밀리어네어Slumdog Millionaire, 2008〉의 아닐 〈사와리야Saawariya, 2007〉에 출연한 그의 딸 소남 카푸르가 있다.

젊었을 때는 연출 쪽에 관심이
있어 여러 영화의 조연출로 활동
했다. 배우에 뜻이 없기도 했고 자
기 관리에 별 관심이 없었던 터라
후덕한 몸매의 소유자였는데, 살
만 칸의 권유로 트레이닝을 받은
이후 몸짱 배우로 데뷔했다.

아르준 카푸르는 데뷔작 〈이샤크자아데Ishaqzaade, 2012〉를비
롯, 〈건데이Gunday, 2014〉에서 마초적 이미지가 강한 역할로 연
기를 시작했지만 〈투 스테이츠2 States, 2014〉와 〈키 앤 카Ki & Ka,
2016〉에서는 남성직 외모와는 다르게 자상하고 부드러운 남자
를 연기하며 자신의 영역을 넓혀가고 있다. 특히, 〈키 앤 카Ki &
Ka, 2016〉에서는 일하는 아내를 둔 남편으로 가사를 돌보며 살
림하는 역할을 잘 표현함으로써 남성성이 강조되는 인도 사회
에서 독특한 소재로 관심을 받았다.

아버지 보니 카푸르가 친어머니와 이혼 후 〈굿모닝 맨하탄En-
glish Vinglish, 2012〉에 출연한 남인도 출신 유명 여배우 스리데비
Sridevi와 재혼해 스리데비의 아들로도 잘 알려져 있다.

마살라 속 빅마마,
플레이백 가수!

    인도 영화에는 다른 나라 영화에서 찾아보기 힘든 독특한 구성원이 하나 있다. 바로 플레이백 가수다. 인도 영화를 '마살라 무비'라고 불리게끔 하는 특징 중 하나가 영화 중간에 삽입되는 춤과 노래다. 영화 개봉 전에 노래를 먼저 출시해 노래가 흥행하면 영화도 흥행한다고 할 만큼 인도 영화 속 춤과 노래는 중요한 관람 포인트다.

    인도 영화는 중간중간에 음악과 춤이 등장해 스토리를 이어가는 뮤지컬 형식으로 만들어지기 때문에 노래와 춤이 극의 전개를 담당하는 아주 중요한 요소인데, 의외로 실제 배우가 노래를 부르는 경우는 그다지 많지 않다. 마치 초창기 무성영화 때

변사가 따로 있었던 것처럼 인도 영화는 플레이백 가수라는 노래만 담당하는 가수가 따로 존재한다.

이들은 말 그대로 '얼굴 없는 가수'다. 배우는 이 플레이백 가수들의 노래에 맞춰 립싱크를 하며 연기를 하는데, 우리나라라면 비난이나 조롱거리가 될 만한 일이 인도 영화에서는 조금의 흠도 되지 못한다.

#라타_망게슈카르Lata Mangeshkar, 아샤_보슬레Asha Bhosle

인도에는 당연히 영화 수만큼이나 많은 플레이백 가수들이 있지만, 라타 망게슈카르는 그중에서도 3옥타브 음역을 오르내리는 부드러운 목소리의 소유자로 '플레이백 가수의 여왕'으로 불린다.

무려 1929년생인 그녀는 1945년부터 시작하여 최근까지도 무수히 많은 영화에서 노래를 불렀으며, 1971년 우리나라에 개봉했던 〈신상Haathi Mere Saathi, 1971〉을 비롯해 〈나는 테러리스트를 사랑했다Dil Se, 1998〉, 〈라가안 Lagaan: Once Upon a Time in India, 2001〉, 〈까삐꾸씨 까삐깜Khushi kabhi Gham, 2001〉,

○ 라타 망게슈카르

〈3페이지Page 3, 2005〉 등의 작품까지 현역으로 활동했다. 긴 세월 끊임없이 노래를 불렀기에 공식적으로 녹음한 노래만 세어 보아도 5만 곡이 넘어 세계 기네스북에도 이름을 올렸다.

그러나 2022년 2월 코로나19에 걸려 사망했고, 이제는 팬들의 기억 속에서 영원히 사랑받고 있다. 인도는 그녀의 죽음에 이틀 동안 국가 애도 기간을 선포했고, 당시 나렌드라 모디 총리도 애도를 표했다.

라타 망게슈카르의 여동생 아샤 보슬레 역시 인도에서 많은 사랑을 받고 있는 플레이백 가수다. 그녀는 힌디어 외에 다양한 인도 언어로 노래를 불렀으며, 언니를 뛰어넘기 위해 창법 개발에 꾸준히 노력한 끝에 자신만의 독보적인 영역을 구축했다. 이제는 언니인 라타 망게슈카르와 어

○ 아샤 보슬레

깨를 나란히할 정도로 정상급 플레이백 가수로 인정받고 있다. 또한, 영국의 방그라 밴드와 공동 작업을 하는 등 서구 팝 음악을 비롯해 다양한 세계 음악과의 콜라보에 많은 관심을 보이기도 했다.

무엇보다 훌륭한 점은 이들 자매의 독특한 고음 창법이 볼리우

드 영화음악에서 여성 보컬의 전형으로 여겨진다는 것이다.

#우디트_나라얀Udit Narayan, 소누_니감Sonu Nigam

남자 플레이백 가수로는 〈데브다
스Devdas, 2002〉, 〈스와데스Swades, 2004〉
등에서 주제곡을 불렀던 우디트 나
라얀이 최고로 꼽힌다. 특히, 우디트
나라얀은 볼리우드 최고의 배우로
불리는 샤룩 칸과 가장 어울리는 플
레이백 가수로 알려져 있다.

○ 우디트 나라얀

상대적으로 젊은 플레이백 가수라고 할 수 있는 소누 니감은
〈까삐꾸씨 까삐깜Kabhi Khushi Kabhic Gham, 2001〉과 〈내일은 오지 않
을지도 몰라Kal Ho Naa Ho, 2003〉에서 노래했으며, 배우로도 활동
하는 등 플레이백 가수의 영역을 점차 확대하고 있다.

#에이_알_라흐만A. R. Rahman

플레이백 가수는 아니지만 인도 영화음악을 이야기할 때 빼
놓을 수 없는 사람이 있는데, 바로 가수 겸 음악감독인 에이 알

라흐만이다. 에이 알 라흐만은 필름
페어 어워드에서 음악감독상만 10번
을 수상하는 등 인도 영화음악계의
절대적 강자로, 인도 국내는 물론 해
외에서도 많은 활동을 하고 있다.

유럽에서 음악 공부를 마치고 돌아
오자마자, 타밀 영화계의 대표적 작가주의 감독이자 세계적으
로도 추앙받는 마니 라트남 감독에게 발탁되어 〈로자Roja,
1992〉의 음악감독을 맡으면서 영화음악에 발을 딛기 시작했다.
에이 알 라흐만은 이 영화의 사운드 트랙이 2005년 〈타임〉 선정
10대 영화음악으로 뽑히면서 데뷔 앨범으로 영예를 얻은 유일
한 음악감독이 되었다. 마니 라트남 감독이 가장 사랑하는 음악
감독으로, 이후로도 여러 작품에서 꾸준히 함께하고 있다.

볼리우드뿐만 아니라 콜리우드에서도 음악감독으로 활동하
고 있으며, 특히 볼리우드에서는 영화감독들이 함께하고 싶은
음악감독 일순위로 에이 알 라흐만을 꼽을 정도로 인기가 있다.

엘리자베스 여왕의 이야기를 다룬 〈골든에이지Elizabeth: The
Golden Age, 2007〉와 〈슬럼독 밀리어네어Slumdog Millionaire, 2008〉 같
은 영국 영화나 〈밀리언 달러 암Million Dollar Arm, 2014〉같은 할리
우드 영화 등 다양한 해외의 영어권 영화에서 음악감독을 맡았
으며, 최근엔 중동에도 진출해 활동 영역을 넓혀가는 중이다.

시네마 인도

인도 영화,
도대체 감독이 누구야?

인도를 대표하는 감독은 너무나도 많지만, 여기에서는 인도 뿐만 아니라 해외에서도 호평받고 있거나 대작 영화를 제작하는 감독들을 중심으로 소개하고자 한다. 인도 영화를 연출하는 감독의 경우 춤과 안무가 영화에서 중요한 역할을 차지한다는 점 때문인지 작가나 조연출로 시작하는 다른 나라 영화계와는 다르게 카란 조하르, 산제이 릴라 반살리, 파라 칸처럼 안무가 출신 감독이 많다는 점이 특징이라면 특징이라고 볼 수 있다.

인도 영화 속 사람들

93

#산제이_릴라_반살리Sanjay Leela Bhansali

인도 국내 영화제에서 사랑받는 감독 중 산제이 릴라 반살리가 있다. 본명은 산제이 반살리였으나 어머니의 성인 릴라Leela를 따서 지금의 이름으로 바꾸었다. 뭄바이 태생으로 인도 영화TV대학을 졸업하고 비두 비노드 초프라의 조수

로 영화계에 발을 들였다. 안무가로 영화계에 입문했으나 아버지 또한 영화 제작자였기에 어려서부터 영화에 대한 훈련을 받으며 자랐다고 한다.

산제이 릴라 반살리는 자신만의 독특한 색채 미학과 음악적 감성을 가지고 있는 감독으로도 유명하다. 그의 영화는 대체로 하나 또는 두 가지 정도의 색으로 표현되는데 〈람릴라Goliyon Ki Raasleela Ram-Leela, 2013〉의 경우 대부분 노랑과 빨강으로 뒤덮여 있다. 전반적으로 강한 색조의 대비를 잘 그려내고 있으며, 인도적인 색채를 잘 표현하면서 상업성과 예술성을 모두 겸비한 대표적인 감독으로 알려져 있다. 한편으로는 상처 입은 인물들의 이야기를 담은 휴먼 드라마의 감독으로도 유명하다.

산제이 릴라 반살리의 대표작으로는 〈카모시: 더 뮤지컬Khamoshi: The Musical, 1996〉, 영국아카데미 후보에 오른 〈데브다스Devdas, 2002〉, 〈블랙Black, 2005〉 그리고 〈사와리야Saawariya, 2007〉, 〈청원Guzaarish, 2011〉, 〈바지라오 마스타니Barjirao Mastani, 2015〉 등이 있다.

그가 작업한 영화들은 대체로 고전소설이 원작인 경우가 많은데, 〈함 딜 데 추케 사남Hum Dil De Chuke Sanam, 1999〉, 〈데브다스Devdas, 2002〉는 인도 벵골 지방의 동명 고전소설이 원작이다. 〈사와리야Saawariya, 2007〉는 '백야', 〈블랙Black, 2005〉은 '헬렌 켈러 이야기'가 원작이며, 〈람릴라Goliyon Ki Raasleela Ram-Leela, 2013〉는 '로미오와 줄리엣'을 인도 버전으로 각색한 작품이며, 〈바지라오 마스타니Barjirao Mastani, 2015〉는 '라우Raau'라는 인도 소설을 기반으로 만들어졌다.

#마니_라트남Mani Ratnam

마니 라트남은 인도에서도 성공했지만, 해외에서 더 인정받는 감독이 아닐까 싶다. 남인도 타밀 출신으로, 인도에서 벌어지는 다양한 사회적 이슈를 사실적이고 냉정하게 그려내는 감독으로 유명하다.
1958년 타밀나두의 마드라스에

서 태어났으며 영화 제작자 아버지의 영향으로 전공인 경영학 보다는 영화 연출에 관심을 보이며 영화 업계에 발을 들여놓았다. 초기에는 딱히 주목받지 못하다가 〈모우나 라감Mouna Ragam, 1986〉이 상업적으로 성공하면서 감독으로 인정받게 된다. 이후 할리우드 영화 〈대부The Godfather, 1972〉에서 영감을 얻어 제작된 〈나야간Nayagan, 1987〉이 관객과 평단 모두의 호평을 받으며 인도 내에서는 물론 해외에서도 주목받는 감독으로 성장하게 되었는데, 이 작품은 2005년에 〈타임〉이 선정한 '세계 100대 영화'에 선정되면서 재조명되기도 했다.

인도 상업 영화계에서 대표적인 작가주의 감독으로 꼽히지만 여러 가지 면에서 부침이 많았다. 타밀 영화계를 대표하는 감독이면서도 끊임없이 볼리우드 진출을 위해 노력했고, 볼리우드에 진출한 초반에는 사회적으로 민감한 주제를 다루어 작품성에서는 인정을 받았으나 상업적인 성공과는 거리가 멀었다.

볼리우드 진출 전 대표작으로는 〈로자Roja, 1992〉와 〈봄베이Bombay, 1995〉를 꼽을 수 있는데, 둘 다 사회성 짙은 이슈를 배경으로 만들어진 영화다. 〈로자Roja, 1992〉는 사랑하는 사람을 두고 다른 남자와 결혼해야 하는 언니 대신 언니가 선볼 남자와 결혼하는 천진난만한 타밀여성 로자가, 정부 일을 하는 남편을 따라 카슈미르로 왔다가 남편이 테러리스트에게 납치되며 겪는 상황을 그리고 있다. 카슈미르라는 분쟁 지역의 이슈를 남인도 여성의 시각에서 풀어가는 것이 상당히 인상적이다.

〈봄베이Bombay, 1995〉는 한 걸음 더 나아가 힌두 남성과 이슬람 여성의 사랑과 결혼 그리고 두 집안이 화해하는 순간 이슬람과 힌두가 격돌했던 봄베이 폭동을 다루고 있다. 두 작품 모두 전반부의 달달한 로맨스에 이은 후반부의 긴장감 넘치는 전개 형태로 마살라 상업 영화의 전통을 따르고 있지만, 민감한 사회적 이슈를 치우침 없이 개연성 있게 잘 버무리렸다는 것이 마니 라트남 감독을 돋보이게 하는 점이라 할 수 있다.

감독의 이러한 성향은 이후 본격적인 볼리우드 진출작인 로맨틱 스릴러 〈나는 테러리스트를 사랑했다Dil Se.., 1998〉에서 더요 빛니게 된다. 리디오 빙송국 언출부에서 일히는 남시 주인공 아마르는 인권침해와 빈곤에 시달리는 아쌈 지방의 축제를 취재하러 가는 길에 신비로운 여인을 만난다. 이후 우연한 만남이 겹치면서 아마르는 그 여인에게 다가가려고 하지만 그때마다 여인은 거짓말을 하며 회피한다. 그러다 그 여인이 군대에 의한 강간 피해자로 자살 공격을 감행하려는 테러리스트라는 사실을 알게 된다. 이에 아마르는 테러를 막고 그녀를 자신 곁에 두기 위해 노력하지만 결국에는 그 여인이 폭탄 조끼를 터트리고 두 사람은 비극적인 종말을 맞이한다. 남녀 주인공이 모두 폭사하는 결말이 너무나 파격적이어서 보는 사람들로 하여금 놀라움과 당혹스러운 슬픔을 금치 못하게 하는 작품이다.

이 영화는 500여 개에 달한다는 인도 내 무장 단체들의 실상을 알리면서도 비극적이지만 애절한 사랑 이야기로 평단과 해외에서 호평을 받았다. 하지만 아이러니하게도 인도 대중에겐 외면을 받아 마니 라트남 감독의 볼리우드 진출을 좌절시켰다.

이후로도 마니 라트남은 〈유바Yuva, 2004〉, 〈구루Guru, 2007〉, 〈라아반Raavan, 2010〉을 통해 다시 자신의 색깔이 분명한 사회성 짙은 작품으로 볼리우드 진출을 시도했고, 마침내 〈구루Guru, 2007〉로 볼리우드에서도 상업적으로 성공한 감독 대열에 올랐다.

#카란_조하르Karan Johar

1972년생으로 야쉬 초프라로 대표되는 초프라 가문의 일원이자 야쉬라즈 필름을 이끄는 야쉬 군단의 대표 감독 겸 제작자다. 영화적으로 존경받는 감독은 아니지만 뛰어난 흥행성을 갖추었으며, 주로 가족의 가치에 중점을 둔 인도적인 서사를 잘 만들어 낸다.

초기작 〈꾸츠 꾸츠 호타 헤Kuch Kuch Hota Hai, 1998〉와 〈까삐꾸씨

까삐깜_{Kabhi Khushi Kabhie Gham}, 2001〉의 흥행으로 대작 감독 반열에 올랐지만 〈내 이름은 칸_{My Name Is Khan}, 2010〉 이후 딱히 이렇다 할만한 영화를 만들지는 않고 있으며, 영화감독보다는 주로 제작자로 활동하고 있다.

하지만 이 감독을 주목해야 하는 이유는 2004년부터 인도 TV 쇼〈커피 위드 카란_{Koffee with Karan}〉의 호스트이자 영화인들에 대한 재능 있는 인터뷰어로 활동하고 있다는 점, 그리고 필름페어에 샤룩 칸과 같이 단골 사회자로 등장하고 있다는 점이다. 재치 있는 입담으로 유명하지만 영화계에 많은 인맥을 보유, 무난한 인간관계를 유지하며 다양한 영화계 소식에 정통한 인물로도 알려져 있다.

#파라_칸Farah Khan

앞서 언급한 바와 같이 인도 영화계에서는 안무가로 시작해 영화제작이나 감독으로 진출하는 경우가 종종 있는데, 대표적인 안무가 출신 감독으로 블록버스터급 히트작을 내고 있는 여성 감독이 바로파라 칸이다. 파라 칸은 1965년생

으로 마니 라트남 감독의 〈나는 테러리스트를 사랑했다Dil Se..,
1998〉에서 기차 위의 군무를 연출하기도 했다.

〈내가 여기 있잖아Main Hoon Na, 2004〉, 〈옴 샨티 옴Om Shanti Om,
2007〉, 〈해피 뉴 이어Happy New Year, 2014〉가 대표작이다 . 안무가
답게 연출하는 영화마다 화려한 춤과 음악을 잘 활용해 마살라
에 충실한 작품들을 만들어내고 있으며, 흥행에도 성공해 야쉬
군단을 대표하는 여자 감독으로 꼽힌다.

연출작이 많지는 않지만 카란 조하르와 마찬가지로 영화계
인맥이 넓어 샤룩 칸의 아내인 가우리 칸과 함께 인도 영화계에
서 영향력 있는 여성 영화인 중 한 명으로 알려져 있다. 본인이
감독하는 영화의 엔딩에 배우는 물론 감독 자신과 스탭들을 코
믹하게 출연시키는 것으로도 유명하다. 〈옴 샨티 옴Om Shanti Om,
2007〉의 경우에는 직접 카메오로 출연했고, 본인 연출이 아닌
다른 여러 영화에도 카메오 성격의 단역으로 여러 번 출연했다.

특히 〈옴 샨티 옴Om Shanti Om, 2007〉은 자신의 영화계 인맥을
자랑하듯 당대 최고 영화배우들이 대거 카메오로 출연하는 장
면이 많아 인도 영화 마니아 등급 측정용 영화로 손색이 없다.

시네마 인도

에스에스_라자몰리S. S. Rajamouli

델루구어권에서 성장한 감독으
로 수많은 수상 경력을 자랑한다.
특히 〈나는 파리다Eega, 2012〉로 국
내외 영화제를 휩쓸며 이름값을
높였고 바로 이어진 〈바후발리: 더
비기닝Bahubali: The Beginning, 2016〉,
〈바후발리 2: 더 컨클루전Baahubali:

The Conclusion, 2017〉 시리즈는 그 당시 인도 박스오피스를 매번 갱
신하는 기염을 토했다. 2022년에는 〈RRR: 라이즈 로어 리볼트
 юш, 2022〉로 흥행에도 성공하고 아카데미 주제가상까지 수상
해 국제적 명성을 이어가고 있다. 2023년 현재 자타 공인 인도
최고의 감독이다.

#사티야지트_레이Satyajit Ray

최근 감독은 아니지만 '인도' 하
면 떠오르는 대표적인 영화감독이
사티야지트 레이다. 1921년 태어
나 1992년 타계한 사티야지트 레
이 감독은 캘커타 대학 졸업 후 벵

골 지역을 기반으로 활동했다. 처음 영화를 제작할 당시에는 열악한 환경 탓에 아마추어에 가까운 배우들을 데리고 작업했다. 이후 칸 영화제를 통해 전 세계적인 명성을 얻었으며, 인도 네오리얼리즘의 아버지 같은 존재이자 전 세계에 인도 영화의 우수성을 알린 감독으로도 유명하다.

인도에 온 장 르누아르에게 가르침을 요청해, 1955년 혼자 힘으로 촬영한 〈아푸 제1부-길의 노래Pather Panchali, 1955〉로 1956년 칸 영화제에서 특별상을 받았고, 그 속편 격인 〈불굴의 인간The Unvanquished, 1956〉으로 1957년 베니스 영화제에서 그랑프리를 획득했으며, 시리즈의 마지막 3부에 해당하는 〈아푸 제3부-아푸의 세계The World Of Apu, 1959〉도 극찬을 받았다. 이 세 작품은 '아푸 3부작'이라 불리며 가난한 벵골 민중의 고뇌를 잘 그려냈다는 평가를 받았다. 그는 세계 영화계에서 아직도 많은 이들에게 회자되며 흔들리지 않는 존재로 사랑받고 있다. 한국에서도 종종 흑백 시대를 대표하는 감독으로 영화제를 통해 그의 초기 작품을 만날 수 있다.

〈택시운전사, 2017〉로 유명한 장훈 감독이 인터뷰에서 작품 구상을 하며 쉬는 동안 가장 감명 깊게 본 영화로 사티야지트 레이 감독의 〈길의 노래Pather Panchali, 1955〉를 언급하기도 했으며, 아직도 국내에서는 간간이 회고전 형식의 특별 상영회가 열리기도 한다.

인도 영화를 이해하기 위해 인도인의 삶을
모두 알 필요는 없을 것이다.
그러나 문화적으로 차이가 많은 데다
우리에게 잘 알려지지 않은 부분이 많은 나라이기에
영화를 보다 보면 반드시 다양한 궁금증이 생길 수밖에 없다.
외국 청년들이 모여 한국에 대해 이야기를 나누던
예능 <비정상회담>에 출연했던 인도인 럭키는 한 TV 프로에서
인도를 소개하며 "15세기부터 21세기까지 모두 볼 수 있는 나라"라고
말하기도 했다. 과거의 자취와 현대의 최첨단 트렌드가
공존하는 나라, 인도. 간단하게 이해하기는 어렵지만,
인도 영화를 열심히 보다 보면 조금 더 쉽게 다가갈 수 있지 않을까?

PART 3

인도 영화를 보면
인도 사회가 보인다

인도인,
이렇게 살아간다

#인도인의_결혼

한 나라의 대표적인 축제나 잔치, 파티 문화를 알기 위해선 무엇을 보는 것이 좋을까? 바로 결혼식이다. 그리고 여느 다른 나라의 영화와 마찬가지로 인도 영화에서 빠질 수 없는 것 중 하나가 결혼식 장면이다. 인도의 결혼식은 마치 종교 제의처럼 치러지기 때문에 우리에겐 매우 낯설고 익숙하지 않다. 그 때문에 인도 영화 속 결혼식 장면을 겉으로만 보이는 축제같이 흥겨움이 가득하고 춤과 노래의 향연이 펼쳐지는 화려한 이벤트로 이해하고 넘어가기 쉽다.

그러나 모든 예식에는 그 나라의 문화를 반영한 상징들이 곳곳에 숨어 있다. 인도의 결혼식 역시 종교와 동양의 가부장적 전통 등 많은 문화적 의미를 담고 있다. 우리나라의 결혼식은 이제 전통의 색깔이 사라져 피로연에서 국수 먹는 모습을 보기 힘들다. 대신 갈비탕이나 뷔페를 선호하는 것이 현실이다. 우리나라 결혼식 문화에서 국수를 먹는 것에 부부의 백년해로를 기원하는 뜻이 담겨 있는 것처럼, 인도의 결혼식에도 재미난 요소가 많다. 영화 〈데브다스Devdas, 2002〉 속 한 장면을 보자.

사랑하던 두 남녀가 집안의 반대로 헤어진다. 여자는 돈 많은 다른 남자의 재혼 상대로 시집을 가게 되어 결혼식 전날 찾아온 남자 주인공에게 선물받았던 진주 목걸이를 돌려준다. 화가 난 남자는 목걸이를 뿌리지다 여자 이마에 상처를 내고 만다. 여자에게 다가간 남자는 엄지손가락 끝에 피를 묻혀 여자 이마에 칠한다. 이후 영화는 다음과 같은 가사의 노래와 함께 결혼식 장면으로 이어진다.

(전략)

행복한 순간에 신부의 얼굴에는

어둠의 그림자가 있구나.

연인에게 꼭 이 말을 전하려 왔지.

그대가 준 상처로 내가 더 아름다워졌어요.

이 상처를 기념으로 간직하고

그 상처로 내 이마를 영원히 장식하겠어요.

아, 내 사랑, 내 사랑.

그대가 없다면 내 인생은 쓸모가 없는데…

(후략)

○ 출처 : 한국 인도 영화협회 홈페이지(한글로 번역)

이 영화는 동명의 소설을 영화화한 것으로, 근대 인도에서 신분의 차이로 이루어지지 못한 연인의 사랑 이야기를 담고 있다. 비극적인 서사로 인해 우리나라로 치면 '이수일과 심순애'급의 소설이라는 말을 들을 정도로 유명한 작품이다. 대중적으로 엄청난 사랑을 받는 이야기여서 세대를 달리하며 다수의 영화로 제작되었다. 위에서 인용한 영화는 2002년 당대 최고의 배우 샤룩 칸과 아이쉬와라 라이가 출연한 작품이다.

○ 출처: wikimedia

영화의 결혼식에서는 신랑이 신부의 이마에 붉은 가루로 가르마를 장식하는 장면이 나온다. 붉은 가루로 이마(가르마)를 붉게 장식하는 걸 '신두르Sindoor'라고 한다. '신두르'는 남편에 대한 존경과 장수를 바라는 의

시네마 인도

미가 담겨 있다. 인도에서 이마에 붉은 가루를 장식한 여성은 결혼한 유부녀로, 그렇지 않은 여성은 미혼으로 구분할 수 있다.

영화 속 여자 주인공은 이마의 붉은 장식(신두르)을 결혼식 당일 신랑이 해준 게 아니라, 전날 연인이 만든 상처와 붉은 피로 장식해 준 것으로 기억하겠다는 것이다. 결국 육신이 함께하지 못해도 정신적으로는 당신과 결합(결혼)되어 있다는 고백이다. 사랑하지만 헤어질 수밖에 없는 애절함을 잘 표현한 장면이다.

○ 영화 〈데브다스Devdas, 2002〉의 한 장면

힌두교가 전체 인구의 90%에 가까운 인도의 결혼식에는 종교적 요소가 많이 반영되어 있다. 도시의 결혼식도 아직은 전통적인 형식을 유지하고 있어 여러 날에 걸쳐 축제처럼 진행된다.

물론, 실제 인도의 결혼식이 영화에서처럼 낭만적이지만은 않다. 인도에서는 지금도 배우자를 대부분 중매로 찾는다. 연애 결혼이 현실적으로 쉽지가 않다. 그래서 도시의 젊은이들 사이에서는 '연애 따로 결혼 따로'라는 문화도 생겨나고 있다. 그 이유의 밑바닥에는 아직도 카스트제도의 영향을 강하게 받는 인도 사회의 특징이 있다. 여성은 카스트가 동등하거나 상위인 남성하고만 결혼할 수 있다. 이런 점이 중매를 통해 상대 집안의 카스트와 가문을 확인하는 전통을 더욱 강하게 만들었다.

결혼 당사자들의 궁합(별점)을 보는 과정으로 이어지는 중매는 우리나라의 맞선 문화와 상당히 유사하다. 다만, 아직은 연애보다 중매를 통해 결혼하는 문화가 강하다 보니 영화 속 내용도 신분의 차이를 극복한 결혼이 단골 소재로 등장한다.

〈몬순 웨딩Monsoon Wedding, 2001〉은 이런 인도의 결혼 현실을 배경으로 한 영화다. 미국에 거주하는 잘나가는 엔지니어 남자와 인도에서 커리어 우먼으로 살아가는 여성이 중매로 결혼하면서 일어나는 여러 가지 에피소드를 다룬다. 인도 국내에서 제작한 영화가 아니라서 인도 대중 영화의 형식을 취하고 있지는 않지만, 결혼과 관련해 인도 젊은이들이 느끼는 갈등을 솔직하게 잘 보여준 영화라고 할 수 있다.

인도의 결혼식 과정을 간단하게 설명하면 다음과 같다. 먼저 중매를 통해 상대 가문과 카스트를 확인하고 별점으로 궁합까

시네마 인도

지 본다. 이후 신부의 지참금을 결정하고 결혼이 확정되면 성대한 약혼식을 하고 실제 결혼식은 여러 날에 걸쳐 예식을 진행한다. 결혼식에 앞서 신부 집(또는 결혼식장)에 일가친척과 친지들이 며칠 전부터 모여 신부의 몸을 헤나로 장식하며 결혼을 축복한다.

인도의 결혼식에서 빠질 수 없는 절차 중 하나인 헤나는 헤나나무에서 얻은 천연염료를 오일과 혼합해 손, 발, 목 등에 화려한 문양으로 염색하는 것을 말한다. 우리나라의 봉숭아 물들이기와 비슷한 느낌이다. 헤나는 체온이 높을수록 발색이 좋으며 가장 진하게 색이 올라오려면 최소 반나절은 지나야 한다. 따라서 온몸에 니 그녀 넣기 위해 예식 2~3일 신무터 순비를 아는

○ 출처: 게티이미지

것이 일반적이다. 헤나는 천연염료이기 때문에 물들이고 2~3주가 지나면 자연스럽게 사라진다. 이런 장점 때문에 예전부터 문신이 부담스러운 사람들에게 인기 있는 재료로 쓰였다. 당연히 영화 속 문신을 표현하는 용도로도 많이 사용된다.

이렇게 신부의 준비가 끝나고 결혼식 당일이 되면 신랑은 경제적 능력에 따라 다르긴 하지만 기본적으로는 성대한 음악대를 이끌면서 백마나 코끼리를 타고 결혼식장인 신부의 집에 입장한다. 중매로 만난 신랑 신부가 별도의 약혼식을 거치지 않았을 경우에는 이때 서로의 얼굴을 처음 대면하는 일도 많다.

진짜 예식은 이제부터 시작이다. 혼례식장 한 가운데는 신성한 불이 켜지고 신랑과 신부는 이 불을 사이에 두고 예식을 집전하는 브라만 사제와 마주하고 앉아서 힌두교의 경전《베다》를 읊는다.

이때 가운데 놓인 불은 정방형 화로인 '판달'에 밝힌다. 이는 불의 신 '아그나'를 의미하며, 결혼식의 전 과정을 불의 신이 지켜봐야 한다는 신앙에 근거한다. 불주변에 놓인 도구와 시설은 오른쪽을 향해야 한다. 인도에서 오른쪽은 정의 방향이고 왼쪽은 부정의 방향이기 때문이다. 인도에서 식사할 때 반드시 오른손만 사용해서 음식을 먹어야 하는 것과 같은 이치다.

불 앞에 있는 신랑 신부는 서로에게 화환을 걸어주거나, 쌀을 튀긴 튀밥 또는 코코넛 가루를 화로 속으로 던지거나, 서로의

시네마 인도

손을 맞부딪치는 등의 의식을 행한다. 이 과정은 매우 복잡하고 길게 진행되며 모든 걸 브라만 사제가 관장한다.

인도의 결혼식에는 단순한 예식을 뛰어넘어 '신에 대한 맹세'라는 종교적 의미가 있으며 가문의 결합이라는 전통도 아직 강하게 남아 있다.

결혼식의 하이라이트는 '가트반던'이라는 의식으로, 주위에 있는 하객들이 산스크리트어로 된 《베다》 성가를 부르는 동안 신랑과 신부의 옷자락을 스카프로 이어 묶거나 옷자락을 직접 매서 성스러운 불 주변을 일곱 바퀴 도는 것을 말한다. 이때 스카프가 끊어지거나 매듭이 풀어지면 불길하다고 생각한다. 일곱 바퀴는 결혼 계약을 공인하는 걸 뜻하고, 한 세대가 아닌 일곱 세대가 결혼한다는 걸 의미하며, 일곱 바퀴를 모두 돌면 실제 결혼이 성립된 것으로 여긴다.

그래서 우리나라에서도 인기 있었던 〈세 얼간이3 Idiots, 2009〉를 보면, 여자 주인공의 결혼식에 몰래 신랑 옷을 훔쳐 입고 결혼식에 참석한 예전 남자 친구가 신부와 함께 화롯불 주변을 돌며 "이제 두 바퀴만 더 돌면 우린 진짜 결혼해야 해"라고 말하는 장면이 나온다.

이 대사 이후 신부가 남자 친구와 결혼식장을 탈출하는 장면이 나오는데, 신 앞에서 한 계약은 깰 수 없다고 믿기 때문이다. 일반적인 서양풍 결혼식과 비교하면 결혼 서약이나 반지 교환

직전에 신부를 납치하거나 신부가 탈출하는 극적인 장면을 연출하는 것과 비슷하다.

이처럼 인도 영화 속 결혼식 과정을 이해하고 보면 더욱 즐겁게 영화를 관람할 수 있을 것이다. 영화에서는 자유연애로 결혼에 성공한 커플이 자주 등장하지만, 인도의 현실은 아직까지 그리 녹록지 않다.

〈아내 업고 달리기Dum Laga Ke Haisha, 2015〉

〈Dum Laga Ke Haisha〉는 〈아내 업고 달리기〉라는 이름으로 국내에 소개되어 나름 화제를 모았던 영화다. 1995년이 배경인데, 남자 주인공은 카세트테이프에 음악을 녹음해서 파는 가게를 아버지로부터 물려받아 운영하고 있다. 남자 주인공의 어깨에 매어 있는 실은 그가 가난하고 학력도 짧지만, 브라만 계급이라는 것을 보여준다. 그에 반해 신부는 학교 선생님을 꿈꾸는 고학력 여성이다.

둘은 선을 통해 결혼했지만, 남자 주인공은 고학력인 데다 똑똑하며 자신이 원하지 않는 뚱뚱한 외모인 아내에게 불만이 쌓여 홀대한다. 시댁 입장에서 보면 똑똑한 며느리 덕분에 경제적인 어려움을 해결해보고자 계급을 앞세워 추진한 결혼이다. 하지만 가난한 데다 자존심만 센 시댁과 남편의 홀대에 지친 여자 주인공은 급기야 이혼을 청구하기에 이른다. 양가의 노력으로 가까스로 이혼을 하지 않게 된 상황에서 둘은 새로 생긴 CD 가게를 막기 위해 '아내 업고 달리기' 대회에 출전한다.

이 영화는 여자 주인공을 통해 계급과 성적 차별에 주눅 들지 않고 친정과 자신의 가치를 인정받길 원하는 현대의 인도 여성상을 그리고 있다. '네루식 사회주의'라고 불리는 국가사회주의를 표방했던 인도가 1980년대를 지나 자본주의를 본격적으로 받아들이면서 계급과 가부장적 전통의 붕괴가 가속화하고 여성들의 목소리에 힘이 실리기 시작했다. 하지만 인도에서 벌어지는 여러 가지 사건을 볼 때 인도 여성들의 삶이 나아지려면 여전히 많은 시간과 노력이 필요할 듯 싶다.

시네마 인도

〈비바Vivah, 2006〉

아마 인도인들이 생각하는 가장 이상적인 중매결혼 과정을 그린 영화는 〈비바Vivah, 2006〉일 것이다. 영화 속 두 주인공은 중매로 만났다. 성공한 기업을 경영하며 인도의 전통을 지키려는 남자 주인공의 가문과 부모를 일찍 여의고 삼촌이 거두어 친딸처럼 키워낸 여자 주인공의 가문이 만나 서로를 가족으로 인정하고 이해하며 부부의 연을 만들어가는 과정을 보여준다.

선을 보기 위해 처음 만난 자리에서 서로 반한 남녀 주인공은 연락을 주고받으면서 사랑의 감정이 점점 커진다. 한편 여주인공의 숙모는 조카가 자신의 친딸보다 훨씬 예쁜 데다 남편이 더 아껴준다고 생각해 여주인공을 질투하며 남편과 끊임없이 반목한다. 영화 후반부에 극적인 반전이 기다리고 있어 결말을 예측하기 힘들게 하지만, 인도의 중매결혼 과정이 어떻게 진행되는지 잘 보여주는 영화로, 실화를 바탕으로 하고 있다는 점도 흥미롭다.

#인도_여성의_삶

인도는 21세기인 지금도 여성이 인격적으로 대우받기 힘든 사회다. 《마누법전》 같은 힌두교의 전통적인 가르침에 따른 가부장적 관습과 이슬람의 여성에 대한 억압은 서로 앙숙인 종교적 관계를 떠나 인도 전반을 지배하는 문화적 전통이라 할 수 있다. 물론 현재 우리의 시선으로는 무척 이해하기 어렵지만….

인도 여성의 힘겨운 삶을 단적으로 보여주는 첫 번째 문화로는 어린 여성의 조혼과 학대를 들 수 있다. 아직도 인도에선 법적인 성인 연령 기준보다 《마누법전》에 기초한 여성 12세와 남성 30세 또는 여성 8세와 남성 24세를 이상적인 조합으로 보기 때문에 시골에서는 여전히 조혼이 성행하고 있다.

여성의 아버지는 딸을 초경 이전에 결혼시키는 것을 종교적 의무로 알고 있다. 이를 지키지 못한 아버지는 다음 생에 심한 죄의 대가를 받는 것으로 믿어 보통 남자는 15~18세, 여자는 13~15세에 결혼이 이루어진다. 2017년에 개봉한 〈뉴턴Newton, 2017〉에서는 13세의 어린 여성이 선보는 자리에 나오는 장면이 나오는데, 아직도 인도의 시골에서는 조혼이 흔하다는 걸 보여주는 대목이다.

초경 전의 어린 소녀를 신성시하는 문화가 있다고는 하지만 실제로는 어린 여자아이를 데려와 집안일을 시키려는 것이다. 어찌 보면 철이 들기 전이라 복종시키고 길들이기 쉬워서라고 보는 게 더 타당할 것 같다. 이렇게 어린 나이에 결혼한 신부는 신랑 집에서 하녀처럼 일하다가 초경 이후 합방이 허용된다. 인도에서 결혼한 여성은 《마누법전》에 따라 평생 남편을 신처럼 믿고 따르라는 가르침을 받는다. 설사 남편이 때리고 학대하더라도 신이 하는 것이기 때문에 거부하거나 반항해서는 안 된다.

당연히 이혼할 자유도 권리도 간단하게 주어지지 않는다. 이것은 단지 힌두교만의 문제가 아닌 인도 전반에 걸친 문제라고 볼 수 있다. 원래 인도에는 별도의 통합된 민법이나 가족법이 없었다. 그래서 독립 초기에는 종교 간 통합이 시급해 당시 네루 정권은 개별 종교의 관습에 따른 민법을 존중해었다. 그 바람에 4명까지 아내를 허용하거나 '탈라크(이혼을 뜻하는 아랍어)'를 세 번 외치면 이혼이 가능했던 트리플 탈라크 같은 이슬람 전통이 법적으로 보장을 받으며 유지되었다. 다행히 2017년 인도 대법원에서 트리플 탈라크가 헌법에 위배된다는 결정을 내렸으나 실질적으로 법의 보호를 받는 효력을 기대하려면 아직도 많은 시간이 필요하다.

게다가 카스트와 종교 문제를 떠나 좋아하는 사람을 만나서 결혼하기도 쉽지 않을뿐더러, 혹시라도 상대가 다른 종교를 믿거나 하위 카스트일 경우 공공연한 명예 살인도 자행되고 있는 것이 현실이다.

마라티어권 영화 〈와일드Sairat, 2016〉에서는 사랑에 빠져 낮은 카스트의 청년과 도망친 여주인공이 아이를 낳은 후 도시에서 힘겹게 살던 중 고향에서 찾아온 추살꾼들에게 부부 모두가 살해되는 사실적이고 충격적인 결말을 보여준다.

주로 힌디권 영화에서 서로 다른 종교로 인한 비극을 더 많이 다루지만, 인도에서는 드문 스릴러 영화 〈NH10, 2015〉은 'NH10' 국도를 달리던 중 우연히 명예 살인을 목격하면서 겪는 부부의 이야기를 다루고 있다. 부부는 마을의 최고 지도자 여성에게 도움을 청하는데, 알고 보니 그 여성이 자신의 딸을 명예 살인하도록 지시한 장본인인 것으로 밝혀진다. 놀랍게도 온 마을이 명예 살인에 참여하고 있었던 것이다. 이렇듯 인도에서 여성의 인격과 지위는 제대로 보장받지 못하고 있는 것이 현실이다.

여성의 힘겨운 삶을 보여주는 두 번째 문화로 '사티Sati(순장)'를 들 수 있다. 소설 《80일간의 세계 일주》에도 나오는 사티 풍습은 법적으로나 공식적으로 사라졌다고 하지만, 실제로는 지금도 드물게 벌어지고 있다. 사티는 남편이 죽으면 아내를 같이 불에 태우는 풍습이다. 사티의 기원에 대해서는 신화와 역사 등 다양한 해석이 가능하다. 하지만 신화를 토대로 기아나 전쟁 때문에 유지된 관습이라고 보는 견해가 유력하다.

1987년 라자스탄에서는 결혼 기간이 불과 7개월밖에 안 된 여성이 사티를 감행해 큰 충격을 주었다. 그런데 이후 사티 사원이 생기고, 이곳이 성지로 추앙받으며 지금도 여전히 순례자의 발길이 이어지고 있다. 중매로 결혼한 그녀가 사티를 감행한 이유가 종교적 신념 때문인지 아니면 남편에 대한 진정한 사랑 때문인지는 수백 명의 목격자가 있음에도 아직 오리무중이라고 한다. 사티를 그녀 스스로 결정했다는 주장과 불더미 속에서 뛰어나오는 그녀를 건장한 남성들이 막대기로 후려쳐 막았다는 주장이 엇갈리는 상황이다.

그러나 라자스탄 주 정부는 내내 사티를 방관했고, 이 일이 있고 나서야 사티를 공식적으로 금지하는 법안을 통과시켰다고 한다. 불길 속에서 고통을 참으며 남편의 시신 옆에서 타 죽어가는 것이 가능한 일은 아니다. 따라서 강제로 무릎을 철사로 묶거나 환각제 또는 마약 성분의 음료를 마시고 행하는 경우가 더 일반적이라고 한다.

물론 사티를 하면 단숨에 여신이 된다는 종교적 이데올로기를 신봉하는 경우라면 자발적인 사티도 불가능한 것은 아니다. 어쨌거나 현대인의 관점으로는 이해하기 어렵고 용인하기도 힘든 관습이다.

인도 여성을 옭아매는 또 다른 문화로 '다우리Dowry'라 불리는 결혼 지참금 제도가 있다. 가부장제 이념의 산물로 '악의 지참금Dowry Evil'이라는 구호 아래 국가적 차원에서 결혼 지참금 제도를 없애기 위해 노력하고 있지만, 1980년대 이후 자본주의가 확대되면서 '지참금 살해dowry murder', '지참금 자살dowry suicide', '불타는 신부burning bride'라는 신조어가 생길 정도로 문제가 더욱 심각해지고 있다.

1997년에 '지참금 살해'로 인도 정부에서 공식 집계한 것만 6,006건이라고 하니 실제로 얼마나 많은 여성이 지참금 문제로 살해되고 있는지 짐작할 수 있다. 이 수치는 자본주의가 확대되기 전인 1983년 427건에 비해 14년 만에 14배나 급증한 것이다. 정부의 영향력이 제대로 미치고 있지 않은 시골 지역까지 생각하면 매년 수많은 여성이 지참금 문제로 인한 강력 범죄에 노출된다고 볼 수 있다.

1961년 결혼 지참금을 금지하는 법안이 제정되었으나 신체 현실에서 처벌로 이어지는 경우가 많지 않아 여성운동 단체의 지속적인 요구로 1984년과 1986년 두 차례에 걸쳐 법안 개정이 이루어졌다. 하지만 이런 노력에도 불구하고 북인도 일부 상층 카스트에서 유지되던 전통이 남인도와 카스트 전반으로 확대되어 지참금 갈등이 더욱 폭력적으로 변화하고 있다. 이러한 현상은 인도의 경제적 성장으로 물질적 기반이 탄탄해지는 것과 맞물려 가문과 결혼 지참금을 자기 집단의 사회적 지위와 위신을 드러내는 수단으로 생각하고 있기 때문이다.

'다우리'의 기원을 숫처녀를 바치는 깐야단 의례에서 찾기도 한다 '깐야'는 생리를 시작하기 전의 숫처녀를 의미하고 '단'은 아무런 조건 없이 신이나 브라만에게 바치는 선물을 말한다.

깐야단 의식에서는 신랑이 동쪽을 바라보고 앉으면, 장인이 신들에 대한 경배를 올린 후 사위 앞에 꿇어앉아 사위를 말없이 쳐다본다. 이때 장인은 사위를 위대한 비슈누 신을 보듯 대하며 신과 동격으로 생각하고 마음속으로 신께 제사를 바쳐야 한다. 즉, 숫처녀인 딸을 비슈누 신인 사위에게 바치는 행위가 깐야단 의식이다. 이와 관련해 '깐야단 콤플렉스'라는 말이 있는데, 지금도 결혼식에서 신부의 아버지가 신랑의 발을 씻기거나 신랑에게 공경과 존경의 예를 표하는 의식을 진행하기도 한다.

신랑(사위)은 신부(딸)에게 매달 생리를 통한 살인의 죄를 짓지 않도록 구원하는 은혜를 베푸는 존재이므로 경배와 그에 따른 온갖 선물을 받을 권리가 있다. 이런 권리는 결혼 이후에도 유지되어 처갓집을 방문할 때 수시로 선물을 요구할 수 있으며, 장인 사후에는 오빠나 남동생이 그 의무를 물려받는다.

이렇듯 결혼 지참금 제도는 신부 쪽 집안을 파산 지경으로 몰고 가거나 신부를 각종 학대와 죽음으로 내몰기도 한다. 신부가 직접 통제하는 것이 불가능하며 이혼 과정에서도 돌려받을 수 있는 돈이 한 푼도 없다. 따라서 결혼생활 중 언제라도 신랑은 장인에게 추가로 지참금을 요구할 수 있으며, 신부나 지참금에 대한 불만을 당당하게 이야기할 수 있기 때문에 여성 학대의 주요 원인이 되고 있다.

이런 지참금 제도의 확대로 인해 상층 카스트에서 주로 이루어지던 여아 살해 현상이 하층 카스트로도 번지고 있어 더욱 큰 사회 문제가 되고 있다.

전반적으로 여성의 지위가 낮은 인도에서는 결혼한 여성에 대해서만 폭력이 가해지는 게 아니다.

2012년 델리의 버스에서 벌어진 유명한 윤간 사건은 현재 인도의 여성에 대한 의식 수준을 적나라하게 보여주는 극단적인 사건이었다. 남자 친구와 함께 버스를 탄 여성 피해자는 운전자를 포함한 4명의 남성에게 집단 폭행과 강간을 당했으며 치료 도중 건식 사망했다. 이 사건 이후 인도 여성뿐 아니라 외국 여성에 대한 강간 사건이 외신을 타고 연이어 보도되면서 한동안 인도는 '강간의 왕국'으로 지목되기도 했다. 물론 실제 인도에서 벌어지고 있는 성범죄보다 부풀려진 면이 없는 것은 아니지만, 델리 버스 사건의 피의자 인터뷰를 다룬 다큐멘터리에서 밤늦은 시간에 돌아다니는 여성에게 잘못이 있다는 식의 발언이 공개되면서 또 한 번 큰 놀라움을 안겼다.

공권력이 제대로 미치지 않는 시골에선 아직도 형제나 부모의 잘못에 대한 보복 성폭행이 일어나고 있어 인도 사회의 여성과 성에 대한 인식 재고가 절실한 상황이다.

〈메마른 삶을 안고 튀어라Parched, 2015〉

조혼과 여성의 삶에 대한 종합 세트 같은 영화다. 어릴 때 시집온 후 아들 하나만을 남기고 일찍 세상을 떠난 남편. 홀로 시어머니를 모시고 사는 32세 과부 라니. 라니는 아이를 낳지 못해 남편의 폭력에 시달리는 라쪼와 함께 17세 아들의 신부를 흥정하러 이웃 마을로 나선다.

지참금 흥정이 만족스럽진 않았지만 어리고 똘똘해 보이는 신부 잔키를 얻은 것에 만족해한다. 그런데 결혼식 날 집에 도착한 베일 속 신부의 머리 카락이 단발로 쥐어뜯겨 있었다. 좋아하는 남자와 도망치려다가 잡혀서 끌려온 것이다.

라니의 또 다른 친구인 집시이자 창녀 비즐리가 라니 아들의 결혼식에 찾아오면서 결혼식은 엉망이 되고, 다음 날 시어머니까지 죽자 라니는 과거 자신의 모습을 되돌아본다. 사실 비즐리는 죽은 남편이 어린 라니를 대신해 자주 만나던 창녀로, 남편을 찾아다니다 서로 알게 된 사이였다.

정말 보는 내내 불편하다. 자신도 조혼으로 결혼해 아이를 낳고 살아가고 있으면서 어린 신부가 못마땅한 시어머니 라니, 결혼은 했지만 좋아했던 남자를 잊지 못하는 며느리 잔키와 그녀를 보기 위해 자전거를 타고 와 집 앞을 휘돌아 나가는 청승맞은 남자, 젊었을 땐 나름 인기 있는 집시였지만 지금은 젊은 여성들에게 밀려 퇴락한 창녀가 된 비즐리, 불임의 원인이 남편인 것을 알면서도 아이를 낳지 못한 책임을 혼자 떠안은 채 술만 먹으면 폭력을 일삼는 남편과 여전히 살고 있는 라쪼.

그 누구도 편안하지 못하고 답답한 현실에 갇혀 있다. 심지어 영화 도입부에는 어린 나이에 시집가서 남편을 비롯해 시아버지와 시동생 등 시댁 남성들에게 성적 학대를 받는 여성도 나온다. 친정으로 도망친 그 여성은 오히려 친정 마을의 수치로 낙인찍히고, 결국 부모는 그녀를 다시 시댁으로 돌려보낸다.

영화는 마을 여인들에게 소득원을 만들어 계몽하려는 지식인 여성과 그를 지지하는 남편 등 인도 시골에서 벌어지는 다양한 현실을 거칠게 보여준다. 그리고 이렇게 아픔을 가진 4명의 여성은 현실을 인정하면서도 작은 변화를 꿈꾼다. 아들에게 버림받은 어린 신부를 보듬고, 아이를 낳지 못하는 친구를 돕는 등 그들이 선택할 수 있는 일이 존재한다는 사실을 은유적으로 보여주며 영화는 막을 내린다.

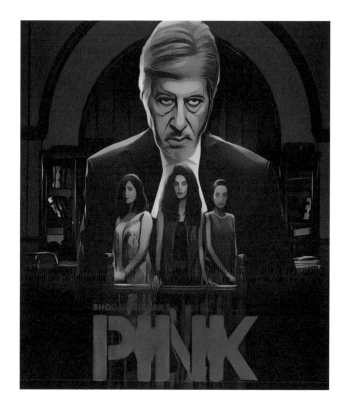

〈핑크Pink, 2016〉

주인공 미날은 어느 날 공연장에서 만난 친구의 소개로 2명의 친구와 함께 처음 보는 남자들과 어울린다. 그 날 미날은 성폭행 위협을 느껴 남자를 때리고 자리를 피했으나, 후에 남자들의 보복에 시달린다. 영화는 미날을 중심으로 벌어지는 이런 상황을 다룬 법정 드라마다.

자신의 욕망을 충족하지 못한 남성은 끊임없이 3명의 여성 주변을 돌며

괴롭히고, 심지어 조깅 중이던 미날을 납치해 강제로 추행하는 사건까지 벌인다. 마침 조깅하던 미날이 납치되는 장면을 목격한 디팍(아미타브 밧찬 분)이 경찰에 신고해 미날을 추적하지만, 별다른 소득 없이 미날이 힘없는 모습으로 돌아오는 것만 확인한다.

이후 미날은 자신의 신변 보호를 위해 경찰에 성폭력 사건을 신고한다. 하지만 지역 정치권에 영향력을 가지고 있던 남자들은 경찰 조서를 조작해 거꾸로 미날을 살인미수 혐의로 고소한다. 이에 미날의 앞집에 살고 있는 전직 변호사 디팍은 힘없는 이 여성들을 앞장서서 돕는다.

특히 법정에서 펼쳐지는 내용은 현재 인도에서 벌어지는 여성에 대한 편견과 아집을 그대로 보여준다. 변호사 디팍이 끊임없이 강조하는 말은 "No Means No" 딱 하나다. '안 돼'는 '안 돼'일 뿐이다. 우리나라에서 벌어지는 많은 여성 관련 사건에서도 똑같이 적용할 수 있는 말이다. 그런 면에서 인도와 한국은 큰 차이가 없어 보인다.

아미타브 밧찬이라는 대배우가 함께 출연했다 하더라도 주인공 격인 3명의 여성 배우는 무명에 가까운 신인이었다. 그럼에도 평단의 호평과 흥행 두 마리 토끼를 모두 잡을 수 있었던 것은 탄탄한 시나리오와 현실의 답답함을 가감 없이 보여준 연출력 덕분이다.

감독은 애초 영화의 엔딩을 다르게 가져가려 했다고 한다. 요컨대 패배로 인한 비참함을 더욱 강조하려 했다. 감독의 이런 의도는 제작자와의 타협을

시네마 인도

거쳐 해피엔딩으로 마무리되었지만, 영화가 묘사한 현실은 인도 여성들이 처한 비참함을 보여주기에 충분했다.

특히, 마지막 엔딩 크레디트와 함께 나오는 아미타브 밧찬의 나래이션은 절박한 현실에 처한 자, 그 현실에 분노하는 자가 해야 할 바를 힘 있는 목소리로 읊어준다.

절박한 자여, 자신을 찾아 나서라

때가 왔다, 가서 네 존재를 찾아라

너를 옭아매고 있는 족쇄는 벗어라

그것을 녹여 무기로 빈들이라

절박한 자여, 자신을 찾아 나서라

때가 왔다, 가서 네 존재를 찾아라

네 스스로 순수하다면 무얼 망설이는가

죄지은 자가 너를 심판할 자격은 없다

절박한 자여, 자신을 찾아 나서라

때가 왔다, 가서 네 존재를 찾아라

네게 가해지는 잔혹함을 태워 재로 만들어라

너는 성화가 아니다, 다만 분노의 불꽃일 뿐이다

절박한 자여, 자신을 찾아 나서라

때가 왔다, 가서 네 존재를 찾아라

깃발처럼 스카프를 휘날려 하늘을 뒤흔들라

네 스카프가 떨어지는 날, 격동이 일어나리

절박한 자여, 자신을 찾아 나서라

-영화 〈핑크Pink, 2016〉의 마지막 내레이션

(맛살리안 넷, '태양여왕루희1세'의 번역 자막 인용)

〈피스트 오브 러브Daawat-e-Ishq, 2014〉

법원 서기로 정직하게 살아온 아버지를 둔 여주인공 굴루는 우수한 성적

으로 대학을 졸업한 재원이지만 홀아버지에 지참금도 준비되지 않은 데다

공부하느라 나이까지 먹을 대로 먹은 그녀에게 좋은 선 자리가 들어올 리 없

다. 그녀는 선을 볼 때마다 기대하는 만큼 똑똑하지도 않고 지참금만 요구하

는 남자들에게 질려버린다.

미국으로 건너가 신발 디자이너로 성공하고 싶었던 글루는 어느 날 미국 소프트웨어 회사로 발령 받은, 아메리칸 악센트를 구사하는 암주를 알게 되어 사랑에 빠진다. 글루는 암주의 프로포즈를 받아들이고 양가 부모님의 상견례 자리까지 마련한다. 그런데 암주의 부모님이 아들과 며느리의 생활비와 대학 등록금에 해당하는 작은 도움을 요청한다고 말하며 지참금 목록으로 80라크(800만 루피, 한화 약 1억 3,000만 원)를 제시한다. 법적으로 금지되었기 때문에 우회적으로 지참금을 요구받자 글루는 결국 사랑에 대한 배신감에 폭발한다.

이 사건을 계기로 자신의 힘으로 뉴욕에서 공부하기로 마음먹은 글루는 최근 법정에서 승소한 지참금 관련 이혼 소송에서 아이디어를 얻는다. 가짜 신분을 만들어 결혼 정보 사이트에 등록한 다음, 거기서 만난 부자를 상대로 지참금 금지 법안인 498a 조항을 이용해 사기를 치기로 한 것이다. 상견례 자리에서 지참금 요청하는 걸 촬영한 영상으로 협박해서 돈을 챙길 심산이었다.

마침내 그녀는 결혼 정보 사이트를 통해 착실하게 케밥 식당을 운영하는 돈 많고 순진해 보이는 타루를 만난다. 절대 손님의 마음을 상하게 하면 안 된다는 가풍을 지키며 머리끝까지 오른 화도 잠들게 할 수 있는 케밥을 만드는 한편, 지역의 소외된 아동들까지 보살피는 멋진 남성이다.

글루는 타루를 범행 대상으로 결정하고 그와 3일간의 데이트 후 결혼식을 올리기로 한다. 하지만 지참금 협상은 부모님의 뜻을 거스르지 못한 것이

시네마 인도

고, 자신은 글루만 원한다는 걸 분명하게 표현하는 타루를 보면서 글루는 죄책감을 느낀다.

영화는 기본적으로 로맨틱 코미디이기 때문에 시종일관 경쾌하게 진행되며 극적인 상황을 희극적으로 묘사한다. 하지만 지참금을 상의하는 장면과 부모님의 결정에 영향을 받고 여성을 돈으로만 평가하는 장면은 결코 유쾌하지 않다. 우리나라의 경우도 경제력이 상승하면서 과다한 혼수 문제가 상류층과 부자뿐만 아니라 계층 전반으로 확대되고 있는데, 인도의 결혼 지참금 문제 또한 이와 다르지 않아 보인다.

#카스트는_살아_있다

'인도' 하면 떠오르는 것 중 하나가 '카스트'라는 신분제도이다. 세계사 수업을 통해 브라만, 크샤트리아, 바이샤, 수드라 같은 네 계급과 불가촉천민으로 구분되는 인도의 신분제도에 대해 배운 기억이 있을 텐데, 사실 인도의 신분제도는 '카스트'가 아니다.

카스트는 인도에 발을 디딘 포르투갈 사람들에 의해 만들어진 단어로, 실제 인도의 신분 구분은 색깔이라는 뜻의 '바르나'라는 단어와 '자티'라고 부르는 직업적 특성을 나타내는 단어로 표현된다. 바르나와 자티가 합쳐져서 우리가 아는 카스트로 표현되는 것인데, 서양의 관점에서 바르나를 기준으로 카스트라고 단순하게 정의해버리니 처음엔 누구나 이해하기가 쉽지 않다.

'바르나'라는 단어로 알 수 있듯 인도에서 계급은 얼굴색을 의미하기도 한다. 이것은 고대에 인도로 쳐들어와 상위 계급을 형성한 아리안 민족이 상대적으로 밝은색 피부를 가지고 있던 데서 기원한다고 보는 견해가 많다.

그래서 인도에선 얼굴 하얀 사람을 카스트가 높은 계급으로 여기는 경향이 있다. 영화 〈카쉬미르의 소녀Bajrangi Bhaijaan, 2015〉에서는 말을 못 하는 길잃은 어린 소녀를 발견한 주인공이 "얼굴이 하얗기 때문에 좋은 카스트 집안일 거야"라고 추측하는 장면이 나온다. 그 외에 여러 영화에서 맞선을 보는 장면에서

"얼굴이 검은 여자를 누가 좋아하겠냐" 같은 대사들이 나오는 경우가 있는데, 얼굴이 검으면 상위 카스트가 아니므로 좋은 집안의 며느리가 될 수 없다는 뜻이 내포되어 있다. 그 때문에 우리나라의 미백 화장품 제품이 제일 잘 팔리는 나라 중 하나가 인도라는 것은 잘 알려진 사실이다.

수드라를 제외한 브라만, 크샤트리아, 바이샤는 자신이 쌓는 업(카르마)과 상관없이 다음 생에서도 인간으로 환생하는 것을 보장받은 계급으로 인도 힌두교 인구의 30% 정도가 이 '재생' 카스트에 속한다. '지정' 카스트라고 불리는 불가촉천민이 19% 정도를 차지하고, 소수 부족 일부를 제외한 나머지 40~50% 정도는 수드라에 속한다.

인도에서는 카스트를 물어보는 것이 실례라고 하는데, 사실 대부분의 인도인들은 상대의 이름과 성만으로도 종교와 카스트를 어느 정도 유추할 수 있다고 하니 따로 물어볼 이유가 없을 것 같기도 하다.

인도 영화를 보다 보면 가끔 상의를 탈의한 성인 남성이 나오는 장면에서, 한쪽 어깨에서 반대편 허리까지 대각으로 끈(실)을 차고 있는 걸 종종 볼 수 있다. 이는 그 남성이 브라만 계급이라는 것을 보여주는 상징이며, 우파나야남Upanayanam이라고 불리는 신성한 끈 수여식을 통해 그 끈을 받으면 브라만 계급의 성인으로 대접받게 된다.

현대에 와서는 카스트가 부를 상징하지는 않지만, 아직도 상
위 카스트의 경우 고학력자나 경제적으로 부유한 사람이 많다.

○ **우파나야남**Upanayanam **수여식**

카스트에 속하지도 못하는 불가촉천민은 달리트Dalit(짓밟힌
자), 또는 하리잔Harijan(신의 자식들) 등으로 불리는데, 하리잔이라
는 말은 마하트마 간디가 제안한 것으로 불가촉천민을 존중하
자는 의미가 담겨 있다.

하지만 실제 불가촉천민에 해당하는 사람들은 간디가 달리트들의 분리 선거를 인정하지 않은 것에 대한 불만을 잠식시키기 위해 만든 말이라고 생각한다. 그래서 불가촉천민의 권리를 위한 운동을 하는 정당이나 조직은 하리잔이라는 말을 사용하지 않고 달리트라는 말을 더 선호한다.

인도의 헌법상 공식적으로 이들에 대한 차별은 금지되어 있다. 2017년에는 1997년에 선출된 코테릴 라만 나라야난 대통령에 이어 두 번째 불가촉천민 출신의 람 나트 코빈드가 대통령에 당선되기도 했다. 하지만 이들을 억압하고 있는 현실은 그다지 나아 보이지 않는다. 아니, 오히려 '카스트 전쟁(계급 전쟁)'이라는 말이 나올 정도로 갈등이 더욱 악화하고 있다.

단순히 계급에 대한 차별 정도가 아니라 서로가 서로를 죽이는 진짜 전쟁이 벌어지고 있다. 이 전쟁은 주로 상위 계급이 자신들의 불만을 해소하기 위해 불가촉천민 부락을 습격해 마구잡이식 학살을 자행하는 것이 일반적이지만, 그에 따른 반발로 불가촉천민들의 반격에 따른 피해도 생기고 있다.

이렇게 사회적 갈등의 가장 큰 진원지가 되어버린 불가촉천민은 말 그대로 '닿는 것이 허용되지 않는 사람'이자 불결한 존재로 인식된다 그래서 불결한 것을 다루는 세탁이나 도축 등 종교적 금기가 적용된 직업을 가지고 있다. 이에 따라 나타나는 여러 가지 사회적 현상 중 대표적인 것이 음식문화이다.

기본적으로 상위 카스트는 자신보다 하위 카스트가 만든 음식을 먹을 수 없다. 반대로 하위 카스트는 더욱 청결한 상위 카스트가 만든 음식을 먹는 것에 제약이 없다. 그 때문에 대중음식점 요리사가 브라만인 경우가 종종 있다.

음식에 대한 제약은 기본적으로 카스트 위계에 따라 3등급으로 나뉜다. 술, 훈제한 고기, 버섯, 곰팡이 같은 재료는 하층 카스트를 위한 음식으로 여긴다. 붉은색 고기와 자극적인 향신료, 마늘, 양파와 같이 강한 맛을 내는 재료는 크샤트리아와 바이샤 계급의 음식으로 여긴다. 브라만의 음식은 우유와 요구르트, 견과류와 씨앗, 과일과 채소, 곡물 등이다. 그래서 브라만은 채식주의자들이 많다. 여기에 불가촉천민은 물조차 같이 마실 수 없기 때문에 마을 우물을 사용할 수도 없으며, 다른 카스트가 손이 닿지 않게 물을 흘려주면 그걸 손으로 받아 마셔야 한다.

이처럼 음식에 대한 위계가 카스트와 연관된 데다 종교적인 금기까지 생각하면 사실상 인도에서는 외식이 힘든 게 당연하다. 예를 들어, 엄격한 채식주의를 지향하는 자이나교도의 경우 뿌리채소나 요구르트까지도 거부하기 때문에 일반 힌두교 브라만의 채식주의보다 훨씬 식사 준비가 까다롭다.

이런 이유로 생겨난 것이 바로 다바왈라Dabbawala다. 도시락Dabba과 일하는 사람wala의 합성어인 다바왈라는 인도만의 고유한 도시락 배달 문화로, 집에서 만든 도시락을 직장이나 학교로 배달해주는 사람을 말한다.

　뭄바이에서만 120년 전통을 자랑하는 직업으로, 매일 약 5,000명의 하얀 토피를 쓴 다바왈라가 20만 개의 도시락을 배달하는 모습은 일대 장관을 연출하기도 한다. 다바왈라는 한 뭄바이 은행원이 집에서 싼 도시락을 하인을 시켜 사무실로 가져오게 한 것이 시초라고 하는데, '마하데오 하와즈 밧체'라는 사람이 100여 명으로 팀 배달 서비스를 만들면서 본격적인 비즈니스 모델로 자리 잡았다.

　600만 건에 1건 정도의 실수가 발생할 정도로 완벽한 정확성을 자랑하는 시스템으로 미국의 하버드대학교에서 기술 없이 인간의 노농력만으로 운영되는 효율적인 도시시스템으로 소개하고 가르치고 있다는 것도 자랑거리이다.

○ 도시락을 배달하는 다바왈라의 모습

다바왈라는 여러 소그룹으로 나뉘고 각 그룹별로 책임자가
있으며 다음의 절차대로 도시락을 배달한다.

1. 각 지역의 도시락을 수거
2. 기차역에 모여 도착지별로 도시락을 구분
3. 색깔, 숫자, 알파벳 코드로 표시해 기차에 실음
4. 목적지에 도착 후, 한 번 더 분류
5. 자전거나 손수레를 이용해 사무실로 배달
6. 점심시간 후 빈 도시락을 수거해 각 가정에 배달

오후 6시쯤이면 각 가정으로 도시락통을 돌려보내는 과정을
매일 반복하고 있다. 오늘날에는 휴대전화 문자와 웹 서비스를
통해 신청이 가능하다. 이처럼 새로운 방식으로 서비스가 진화
하고 있지만, 기본적인 배달 시스템은 혈연과 지연 중심으로 과
거의 방식을 그대로 유지하고 있다.

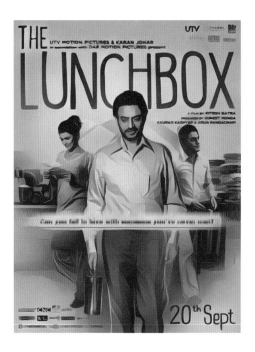

〈런치박스 The Lunchbox, **2013〉**

　평범한 가정주부 일라는 관계가 소원해진 남편을 위해 윗집 아주머니의 도움을 받아 다른 날보다 정성 들여 도시락을 만든다. 보낸 도시락이 깨끗이 비워져 오자 흐뭇한 마음으로 퇴근 무렵 단장을 하고 남편을 맞이한다. 그런데 남편은 별 반응이 없는 데다 도시락에 들어 있던 음식에 대해 다르게 말하는 걸

듣고는 뭔가 잘못되었다고 깨닫는다.

한편 회계 회사에서 35년간 근무하며 정년퇴직이 얼마 남지 않은 페르난데스는 식당에서 도시락을 배달해 먹는다. 그런데 오늘따라 맛이 좋아 퇴직 이후 도시락이 배달되지 않도록 도시락 서비스를 취소하면서 음식 맛을 칭찬해준다.

페르난데스는 홀로 지내며 집에서는 인스턴트로 끼니를 때우곤 한다. 다음 날 다시 마주한 도시락에는 편지가 한 통 들어 있었다. 편지에는 남편을 위한 도시락이 잘못 전달되었지만 깨끗이 비워줘서 고마웠다며, 감사의 뜻으로 남편이 좋아하는 요리인 파니르를 보낸다고 써 있었다.

다시 일라에게 돌아온 도시락은 깨끗이 비워진 상태로 짧은 편지가 담겨 있었다. "일라, 오늘은 음식이 너무 짰어요." 답장이 요리를 도와주는 윗집 아주머니의 심기를 건드리고, 고맙다는 말을 들어야겠다고 생각한 윗집 아주머니는 일라를 다그쳐 더 맛있는 요리를 만들어 보내게 한다.

세 번째 배달된 도시락에 페르난데스는 궁금증을 참지 못하고 남들보다 먼저 식당으로 향했다. 그런데 도시락에는 아무런 쪽지도 없이 음식만 들어 있었다. 도시락을 먹은 후 페르난데스는 간은 괜찮았는데 고추가 너무 많아 바나나 두 개로 매운 기운을 가셔야 할 정도였다고 토로하는 편지를 썼다. 다음 도시락의 편지에는 일라의 남편 이야기와 함께 일라 자신의 삶에 대한 이야기도 간단히 적혀 있었다. 이렇게 두 사람은 도시락 편지를 통해 서로를 점차 알아가며 이해하게 된다.

여러 번 편지를 주고받으면서 페르난데스는 죽은 아내를 자주 떠올리고, 일라가 말하는 남편 얘기에서 지난날 자신의 모습을 본다. 어느덧 대화는 일상적인 일에서 서로의 건강과 안위를 걱정하는 단계로 발전하고, 어느 날 일라는 남편의 옷에서 다른 여인의 향기를 느낀다. 혼란스러워하는 일라에게 페르난데스는 함께 부탄에 가면 어떻겠냐는 편지를 보내고, 일라는 그런 페르난데스를 궁금해하며 만남을 제안한다.

600만 건 중 1건 발생한다는 배달 실수를 모티브로 유부녀가 낯선 남자와 편지를 주고받는다는 설정은 남녀관계가 엄격한 인도에서 독특함을 넘어 과감한 시도라고 볼 수 있다.

두 주인공은 도시락을 바라보며 느끼는 감정을 섬세하게 연기하며 극의 집중도를 높여주고, 영화는 "잘못 탄 기차가 목적지에 데려다준다"라는 말과 함께 각자의 목적지를 향해 가는 두 사람의 모습을 보여주는 것으로 끝난다.

여기가 바로
촬영 명소!

인도는 면적이 굉장히 넓은 나라다. 그래서 인도 전역에는 훌륭한 촬영 스폿이 많다. 물론 뭄바이 중심의 볼리우드에는 주로 북서부 인도 지역이 자주 나오지만, 영화들은 대체로 인도 전역을 배경으로 하고 있다. 멋진 장소는 물론 관광 명소가 되기도 한다.

자신이 좋아하는 영화 속 배경이 되는 실제 장소를 찾아가는 이른바 '순례'가 최근 유행하고 있다. 인도 여행을 갈 때 자신이 좋아하는 영화 속 장소를 방문해보는 것도 하나의 즐거움이 되리라 생각한다.

인도 북동부 국경 지역은 험준한 히말라야를 경계로 하고 있

시네마 인도

다. 서부 지역에는 타르 사막이 있고, 남부 지역에는 데칸고원을 중심으로 고원지대가 형성되어 있다. 나머지 중북부 지역은 비옥한 힌두스탄 평야가 펼쳐져 있어 이곳을 중심으로 인도 역사가 발전해왔다.

인도의 지명에는 몇 가지 특징이 있는데 '~~스탄$_{Stan}$'은 큰 의미로 '땅'을, '~~나가르$_{Nagar}$'는 작은 의미로 '마을'을 의미하는 접미사로 사용된다. 그리고 자이푸르처럼 '~~푸르$_{Pur}$'로 끝나는 것과 하이데라바드처럼 '~~바드$_{Baad}$'로 끝나는 지명을 가진 도시도 많다. '~~푸르'는 힌두 인구가 많고 '~~바드'는 이슬람 인구가 많은 도시라는 속설이 있긴 한데 정확하진 않은 것 같다.

또 지명에 'i'를 붙이면 그 지역 사람들을 의미한다. 대표적으로 '펀자브$_{Punjab}$'에 'i'를 붙여서 '펀자비$_{Punjabi}$'라고 하면 '펀자브 사람'이라는 뜻이 된다. 비슷하게 '말와$_{Malwa}$' 지역 사람은 '말와이$_{Malwai}$'라고 부른다.

최근에는 '봄베이'를 '뭄바이'라고 고쳐 부르는 것처럼 영어식 명칭을 과거 인도식 지명으로 바꾸는 경우가 늘고 있다. 우리가 예전부터 알고 있던 지명과 지금의 지명이 차이가 있을 수도 있으니 인도 여행을 떠날 때, 자신이 생각한 지역이 없어졌다고 생각하지 않기를 바란다.

#바라나시(베나레스)

인도에서 '베나레스'로 불리는 바라나시는 역사적으로나 종교적으로나 인도를 가장 잘 대표하는 도시라고 할 수 있다. 인도를 여행하는 사람이라면 꼭 가봐야 할 도시로 유명하다. 바라나시는 인더스 문명이 갠지스 영역으로 확대되면서 생겨난 도시로 기원전 11~12세기경부터 형성되어 지금까지 이어져 내려온 곳으로 알려져 있다.

오래된 도시이면서도 인도에서 시작된 힌두교를 비롯해 불교·자이나교의 성지로, 힌두교인들은 이곳에서 장례를 치러야 윤회의 고통에서 벗어나 해탈에 이르게 된다고 믿는다. 영화 〈바라나시Mukti Bhawan, 2016〉는 그런 믿음에 의거해 해탈을 파는

○ 출처: 게티이미지

바라나시의 풍경을 잘 보여준다.

　인도 사람들은 갠지스강을 '어머니의 강'이라고 부르며 그 강물을 성수라고 생각한다. 그래서 한쪽에선 시체를 태워 그 재를 뿌리고, 다른 한쪽에서는 목욕도 하고 심지어 마시기까지 한다.

　그만큼 수많은 순례자의 발길이 닿는 바라나시의 강변은 '가트Ghat'라고 하는 계단으로 이루어져 있다. 가트에선 매일 저녁 '강가 아르티Ganga aarti'라는 의식이 펼쳐지는데, 사람들은 배를 타고 갠지스강 위에서 이 의식을 관람한다. 강가 아르티는 불과 빛을 통해 어둠을 몰아내며 힌두교 신들을 찬송하는 종교 의식이다

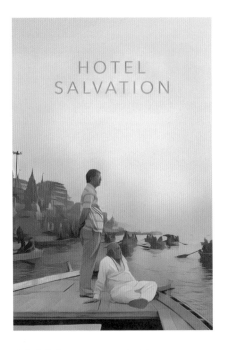

〈**바라나시**Mukti Bhawan**, 2016**〉

　생명보험 회사 영업 사원인 라지브는 갑자기 임종을 맞게 된
아버지가 바라나시로 가길 원해 어쩔 수 없이 회사에 휴가를 낸
다. 아버지를 모시고 바라나시에 도착한 라지브는 죽음을 기다
리는 사람들을 위한 거처 중 '해탈 호텔Mukti Bhawan'에 여장을 풀
고 아버지의 죽음을 기다리기로 한다.

이 호텔에 묵을 수 있는 기간은 15일이며, 그때까지 아버지가 죽지 않는다면 집으로 돌아갈 희망이 있다.

호텔에는 다양한 사람이 죽음을 맞이하기 위해 기다리고 있다. 그중엔 남편과 같이 왔다가 남편이 먼저 세상을 뜬 후 18년 동안 호텔에 머물며 죽음을 기다리고 있는 여인도 있었다. 이 여인을 만나면서 아버지의 생애 마지막 여정은 좀 더 흥미를 더해간다.

호텔에 들어온 후 급격히 상태가 나빠진 아버지는 결국 생사의 경계를 넘나든다. 아버지가 위독해지자 라지브의 딸 수니타와 비네까지 바라나시로 달려온다. 깊게 예약까지 미치고 슬픔에 잠기지만 아버지는 돌아가지 않고, 머물기로 약속한 15일이 훌쩍 지나버린다.

그러나 이 호텔은 15일이 지나면 다른 사람의 이름으로 다시 15일을 연장해 실제로 죽음을 맞이할 때까지 그곳에서 머물 수 있게 해준다.

다시 또 아버지와 호텔에 남게 된 라지브는 관리하던 회사 고객도 잃고, 딸 수니타가 청첩장까지 이미 찍은 결혼식을 포기하려 하는 등 새로운 문제에 부닥친다. 그 바람에 결국 아버지 곁을 떠나 혼자 집으로 돌아가는 라지브. 그런데 바라나시를 떠나온 지 얼마 되지 않아 아버지는 세상과 작별을 고한다.

영화는 죽음을 기다리며 구원을 파는 호텔에 머무는 동안 이루어지는 아버지와 아들의 갈등과 화해를 다루는 잔잔한 가족 드라마다. 인도 사람들이 바라나시와 해탈 호텔을 찾아가는 이유를 여러 사람들의 대화를 통해 무겁지 않게 보여준다.

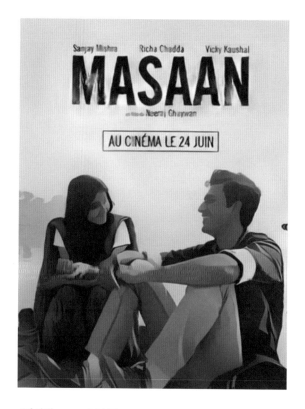

〈**마사안**Masaan, **2015**〉

이 영화는 바라나시에 살고 있는 데비와 디팍 두 사람의 이야기다. 처음 만나 모텔에 들어온 두 남녀는 열정적인 사랑을 나누기 시작하는데, 곧이어 경찰이 들이닥친다. 매매춘으로 단속된 두 사람 중 남자가 화장실로 도망가 자살을 시도하는 것으로 영화는 시작된다.

데비의 아버지는 대학에서 산스크리트어를 가르쳤으나 지금은 가트에서 제사를 보며 가끔 번역일도 하는 지식인 브라만이다. 사실 데비는 자신이 가르치던 학원의 학생과 모텔에 들었던 것이다. 매매춘을 한 게 아님에도 경찰은 데비를 풀어주는 대가로 보석금을 요구한다.

이후 경찰은 다시 집으로 찾아와 자살을 시도했던 남성이 죽어서 데비에게 자살교사죄를 적용하겠다고 엄포를 놓으며 대놓고 30만 루피의 뇌물을 요구한다. 그리고 데비의 아버지는 30만 루피를 채울 때까지 정기적으로 경찰에게 상납을 한다. 상납에 필요한 돈 때문에 데비의 아버지는 강물 속에서 동전을 꺼내오는 아이들을 상대로 하는 내기에 빠져들고, 데비는 다니던 학원을 나와 철도청 공무원으로 취직한다.

또 다른 주인공 디팍은 대학에서 토목공학을 전공하는 학생이다. 가트의 화장터를 지키는 최하층 계급인 불가촉천민 집안 출신이지만 형과 달리 공부를 잘해서 좋은 회사에 취직해 뼛가루를 마시지 않고도 살아갈 수 있는 가능성을 가진 수재다. 그는 친구의 연애를 돕다가 만난 샬루 굽타에게 반해서 페이스북을 통한 연애를 시작한다. 샬루 굽타는 지역의 명망 있는 가문 출신이다. 디팍은 상위 카스트인 샬루와 사랑을 키워가지만 안타깝게도 카스트라는 현실의 벽은 높기만 하다.

샬루는 부모님에게 인정받지 못해도 디팍과 도망가서 살겠다고 말하며 결혼을 약속한 후 성지순례를 떠나고, 같은 날 디팍은 갑자기 시신들이 몰려들어 집안일을 도와야 했다. 디팍은 화장터로 나와 시신을 나르고 불을 지핀다.

인도 영화이긴 하지만 다국적 자본으로 만들어서 그런지 성과 계급이라는 사회적으로 민감한 주제를 바라나시의 두 남녀를 통해 여과 없이 보여준다.

시체를 다루는 최하위 카스트이지만 화장터의 수입을 모두 가져갈 수 있는 '보너스 날'이라는 제도에 대해서도 알려준다. 특히 그날이 세습되거나 매매도 가능하다는 것을 말이다. 실제로 화장터에서 화장이 끝난 후 뼛가루를 낸 때 영혼이 빠져나가라고 누개숍을 다섯 번 내리치는 장면을 보여주기도 한다.

또 데비의 영상을 유튜브에 올리겠다며 어린 딸과 함께 찾아와 대놓고 뇌물을 요구하는 우스꽝스러운 경찰의 모습도 있다. 이처럼 영화는 바라나시의 화장터를 중심으로 벌어지는 이야기들을 통해 가트에서의 삶을 적나라하게 묘사한다.

#고아

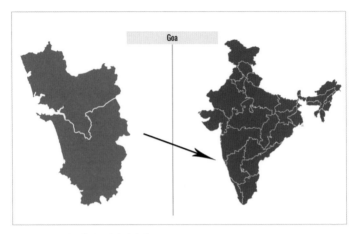

○ 고아의 위치 / 출처: 게티이미지

　고아는 인도 서중부에 있는 작은 주로 15세기 포르투갈 상인
들이 상륙한 이후 450년간 포르투갈 식민지였다가 1961년 인
도가 다시 점령·탈환해 병합한 곳이다. 오랜 세월 포르투갈 식
민지였던 탓에 가장 유럽적인 분위기를 간직하고 있는 곳으로
도 유명하다.

　대항해시대 태평양을 횡단할 능력이 아직 없던 시절 고아는
동아시아로 들어가는 전진기지의 역할을 담당했다. 말레이시
아, 필리핀을 거쳐 일본까지 가는 교역로가 고아와 연결되어 있
었다.

　포르투갈의 영향을 많이 받은 고아는 인근 케랄라주와 함께

상대적으로 기독교인과 기독교적인 전통이 많은 곳이다. 그래서 영화 〈청원Guzaarish, 2010〉이 기독교적 가치관을 표현하기 위한 배경으로 삼은 곳이기도 하다.

고아의 또 다른 매력은 인도를 방문하는 외국인들이 주로 찾는 휴양지라는 점이다. 게다가 인도인들에게는 젊음과 낭만의 도시로도 유명하다. 아미르 칸과 샤입 알리 칸의 풋풋한 모습을 볼 수 있는 〈딜 차타 해Dil Chahta Hai, 2001〉에서는 실연당한 친구를 위로하기 위해 고아로 달려가는 장면이 나온다.

젊음이 넘치는 휴양지답게 해양 스포츠를 비롯, 해변에서 다양한 놀이를 즐기는 모습도 볼 수 있다. 유럽적인 분위기가 넘치는 곳이나 보니 다양한 싱싱의 싱소로도 활용되는데, 인도 최초의 본격 좀비 영화 〈좀비야 내가 간다!Go Goa Gone, 2013〉에서는 마약과 환락이 넘치는 장소로 묘사되기도 했다.

〈디어 친다기Dear Zindagi, 2016〉

아직 경력이 많지 않지만 나름 실력을 인정받아가고 있는 뭄바이의 카메라맨(우먼) 카이라는 요리사 남자 친구를 두고도 영화 제작자와 썸을 타는 중이다. 영화 제작자와의 연애 관계가 명확해지기 전, 카이라는 남자 친구에게 그와 잠자리를 했다고 말하면서 일방적으로 이별을 통보한다.

제멋대로 행동하는 카이라는 자기 뜻대로 되지 않는 연애 때문에 짜증이 나고, 결국 좋은 일거리를 제안하며 다가오는 영화 제작자를 밀어내고 만다. 그 후 단지 미혼 여성이라는 이유로 거주하던 곳에서 퇴거 통보를 받고, 영화 제작자의 약혼 소식까지 듣는다. 그리고 사랑의 상처를 안은 채 아버지 친구의 레스토랑 광고 촬영을 위해 고향인 고아로 돌아온다.

카이라는 사랑보다는 일로 인정받고 싶은 열정이 가득하다. 그러나 겉으로는 거칠고 자신감이 넘쳐 보이지만 사실 어린 시절의 트라우마에 갇혀 있는 소심하고 불완전한 여성이다. 그녀는 레스토랑 광고 촬영을 위해 방문한 식당에서 펼친 광고 내피를 마기민의 정신과 진료를 터부시하는 인도의 문화를 재미있게 설명하는 닥터 칸을 본다. 그리고 자신의 심리 치료를 의뢰하기 위해 칸을 찾아간다.

카이라는 어린 시절 경제적 사정으로 조부모 밑에서 컸는데 그런 자신이 부모에 의해 버려졌다고 느꼈던 과거를 이야기하고, 현재의 연애에 대한 고충도 토로한다.

영화는 카이라의 심리 상담을 중심으로 한 여성이 스스로 자신의 인생에 대한 해답을 찾아가는 여정을 보여준다. 이 과정에서 닥터 칸은 스스로 생각해야 할 점에 대해, 무엇을 선택해야 하는지에 대해 화두를 던지고 아무도 완벽한 사람은 없다며 카이라의 인생을 차분히 지켜봐 준다.

평온하게 보이는 고아를 배경으로 거친 성격의 카이라가 풀어내는 인생 이야기로, 넷플릭스에서 〈인생은 드라마〉라는 제목으로 서비스하고 있다. 하지만 인도 영화 커뮤니티에서 많이 사용하는 제목인 〈사랑하는 내 인생에게〉가 더 자연스럽게 느껴질 만큼 닥터 칸의 조언이 와닿는다. 자신의 인생을 돌아보며 자신을 사랑하도록 만들기에 충분한 가치가 있는 영화라는 생각이 든다.

#델리

델리는 무굴왕국의 마지막의 수도였던 도시로 지금도 인도의 행정수도 역할을 하는 곳이다. 이슬람 왕국 중심지였던 만큼 많은 무슬림이 모여 살고 있으며, 또한 여러 면에서 다양한 갈등이 존재하는 곳이기도 하다.

현대와 근대가 공존하는 도시 델리는 올드델리와 뉴델리로 구분되는데, 올드델리는 이슬람 사원과 역사적 유물이 가득한 쇠락한 도시의 모습을 그대로 간직하고 있는 반면, 뉴델리는 인도 정치와 행정의 중심지로 악명 높은 교통 정체와 매연으로 가득한 번잡하고 현대적인 곳이다.

인도 가난하고 여러 사회상이 복잡하게 얽혀 있는 올드델리를 배경으로 하는 영화들이 많은데, 그중 〈델리 6Delhi-6, 2009〉는 올드델리의 모습 그 자체를 영화로 표현한다. 올드델리는 많은 무슬림이 모여 살고 있으며 현재는 슬럼화된 빈민가 같은 곳이기도 하다.

그래서 〈힌디 미디엄Hindi Medium, 2017〉에서는 올드델리 지역인 찬드니촉에 가게를 가지고 있다는 이유 하나만으로 부자임에도 무시당하고 괄시받는 장면이 나오며, 〈까삐꾸씨 까삐깜 Kabhi Kushi Kabhi Gham, 2001〉에서는 가난한 여자 주인공이 사는 곳이 찬드니촉으로 설정되어 있다.

〈델리 6_{Delhi-6}, 2009〉

로샨은 고향에서의 임종을 희망하는 병든 할머니의 소원을 들어드리려고 함께 인도에 오지만, 미국에서 살아온 그에게 델리의 모든 풍경은 낯설기만 하다. 게다가 할머니가 갑자기 쓰러지는 위급한 상황이 벌어지고, 신령이나 다름없는 소의 출산 때문에 심각한 교통 정체가 발생한 상황에서도 꿈쩍하지 않는 인도인들의 모습에 무척 당황한다. 하루하루 조금씩 델리에 적응해가던 어느 날, 로샨은 아이돌을 꿈꾸는 아름다운 여인 비투를 만난다. 그러나 로샨의 삶이 흥미로워지는 것과 달리, 의문의 원숭이 가면을 쓴 괴한에 의한 테러로 도시 분위기는 점차 흉흉해진다.

영화는 델리가 원숭이 가면의 괴한을 통해, 곧 힌두교의 신 하누만에 의해 불타게 되는 라마야나의 랑카, 즉 '악의 도시'라는 것을 은유적으로 표현하고 있다. 델리-6는 우편번호인데, '잔느니촉'이라고도 불리는 올드델리 지역을 뜻한다. 영화는 불안한 델리의 현실을 빠른 스틸 컷을 사용해 경쾌하게 보여주면서도 실체 없는 검은 원숭이가 만든 공포에 떨며 불안해하는 시민들의 모습을 우스꽝스럽게 묘사한다.

#카슈미르(잠무-카슈미르)

카슈미르는 '인도의 스위스' 또는 '인도의 화약고'로 불리는 곳이다. 그만큼 빼어난 자연경관을 가지고 있는 반면, 파키스탄의 지원을 받은 무장 독립 단체의 활동에 따른 잦은 테러로 인해 정치적 불안이 만연해 있는 곳이기도 하다.

영화 〈카쉬미르의 소녀Bajrangi Bhaijaan, 2015〉에서 한 소녀가 스위스 풍경 사진을 보고 자신의 고향인 카슈미르로 착각하는 장면이 나오는데, 그만큼 자연경관이 스위스와 닮았다.

식민지 시대가 끝나고 인도가 영국으로부터 독립하면서, 이슬람을 믿는 지금의 파키스탄 지역이 분리 독립했다. 이때 인도의 여러 지방이 각각의 지역적 특성에 따라 파키스탄이나 인도에 병합되는데, 카슈미르처럼 실제 거주자의 종교와 지배자의 종교가 다른 것이 문제로 대두했다.

파키스탄과 접경 지역이었던 카슈미르를 지배하는 군주 하라싱은 힌두교이지만 주민 대다수는 이슬람이었다. 그런데 당시 하라싱은 카슈미르가 별개의 독립국으로 유지되길 원했다. 하지만 수천 명 무장 괴한이 난입해 하라싱은 잠무 지역으로 피신해야 했고, 카슈미르를 인도에 병합하는 조건으로 네루 정부에 군사적 지원을 요청하기에 이른다.

이에 기회를 잡은 네루 정권은 신속하게 군대를 파견하고, 파키스탄 또한 그 상황을 방관하지 않으면서 1차 인도-파키스탄 전쟁이 발발한다. 그 결과 카슈미르 북부는 파키스탄이 점령하고 나머지 지역은 인도의 차지가 된다.

이런 역사적 배경 때문에 카슈미르 지역 사람들은 자신들이 힌두교인에게 지배받고 있는 무슬림이라는 의식을 갖게 되었고, 오랜 세월 분쟁과 갈등을 겪으며 이제는 인도도 파키스탄도 아닌 자신들만의 독립국 지위를 얻길 원하게 되었다.

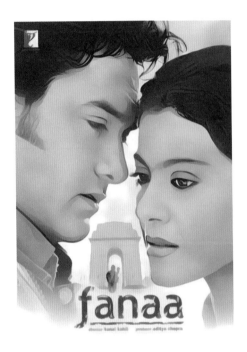

〈**파나**Fanaa, 2006〉

시각장애인인 주니(까졸 분)는 독립기념일 공연을 위해 생애 처음으로 고향인 카슈미르를 떠나 동료들과 델리에 오고, 이곳에서 관광 가이드를 맡게 된 레한(아미르 칸 분)을 만난다. 주니는 레한이 바람둥이라는 것을 알면서도 시詩를 알고 자신의 아름다움을 표현해주는 그에게 끌린다.

델리에 머무는 7일 동안 두 사람의 사랑은 익어간다. 무슬림인 레한은 자신의 모든 것을 걸고 주니를 사랑할 거라고 알라에게 맹세한다. 마지막 날 두 사람은 하룻밤을 함께 보내고, 다음 날 주니는 다시 카슈미르로 떠난다. 주니를 포기할 수 없었던 레한은 주니를 잡기 위해 기차에 올라타고, 이후 두 사람은 델리에서 결혼해 함께 살아가기로 한다.

얼마 후 안과를 찾아간 주니는 의학이 발달해 이식수술로 시력을 회복할 수 있다는 사실을 알게 되고, 곧바로 수술에 들어간다. 수술 성공 후 주니는 부모님과 기쁨을 나누지만 레한의 모습은 볼 수가 없었다. 안타깝게도 레한은 여행하면서 친해진 대통령궁의 경비를 만나러 갔다가 폭탄 테러에 휘말려 사망한 터였고, 주니는 유품으로만 그를 확인할 수 있었다. 폭탄 테러는 카슈미르 독립을 위해 활동하는 IKF라는 단체가 저지른 것으로, 그들은 카슈미르에서 인도와 파키스탄이 모두 물러날 것을 요구하고 있었다.

하지만 이때부터 영화의 반전이 일어난다. 사실 레한은 IKF의 고위 간부였고, 주니를 이용해 대통령궁 경비와 친분을 쌓은 뒤 테러를 감행한 것이었다. 사랑하는 주니를 기차에서 데려온 것을 자신의 실수라 생각한 레한은 주니가 눈을 뜸과 동시에 모습을 감추었다.

영화는 그로부터 7년 후 레한이 카슈미르를 점령하고 있는 어느 인도군 부대의 장교로 위장 침투해 활동하는 모습을 보여준다. 레한은 위장 침투 사실이 발각될 위험에 처하자 총격전을 벌이며 도망치다가 우연히 주니의 집을 찾아가고, 그곳에서 7년 전 하룻밤의 결과로 얻은, 자신과 같은 이름의 아들을 마주한다.

영화에서는 카슈미르 독립 단체인 IKF를 피도 눈물도 없는 극악무도한 테러리스트로 표현한다. 그러나 사실 그들을 비롯한 카슈미르 사람들은 그렇게 단순하게 설명하기에는 많은 복잡한 요소가 섞여 있다. 스위스 못지않은 수려한 자연 광경을 자랑하는 카슈미르의 비극적 상황은 영화의 제목처럼 결국 파멸로 치닫는다. 하지만 이런 참혹한 결말과는 반대로 자신은 힌두교지만 아들 레한을 무슬림으로 키우는 엄마 주니의 모습을 통해, 영화는 비극적 시대에 대한 화해의 노력을 우회적으로 보여주고 있다.

시네마 인도

#펀자브 Punjab

펀자브는 볼리우드 영화에 자주 등장하는 곳으로 주도는 찬디가르이며 인도 인구의 15% 정도를 차지하는 시크교도의 비율이 60%가 넘는다. 펀자브와 암리차르를 대표하는 건축물인 황금 사원은 시크교의 사원이다.

펀자브는 광활한 평야 지대로 일찍부터 관개시설이 잘 갖추어져 농업이 발달한 부유한 동네였다. 영토 대부분이 인도에 속해 있지만, 북부 일부는 파키스탄이 지배하는 분단 지역이다. 히말라야에 막혀 있는 동쪽과 달리 페르시아의 이슬람 세력이 인도 아대륙으로 들어오는 창구 역할을 했으며, 오랫동안 힌두교인과 무슬림이 힘께 충돌해왔다.

펀자브는 15세기경 힌두와 이슬람의 장점이 결합된 시크교가 생겨난 곳으로 오랜 세월 시크교도의 터전이었다. 그러나 1947년 인도 독립 당시 시크교도의 비율은 15% 정도로 지금처럼 높지는 않았다. 펀자브가 시크교도의 터전이 된 이유는 영토 분단 과정에서 파키스탄의 시크교도들이 국경과 가까운 시크교의 성지 주변에 정착했고, 시크교 결집 운동으로 인해 펀자브로 신도들이 모였기 때문이다.

시크교도는 인도인 디아스포라를 주도하고 있는 세력 중 하나다. 펀자브의 시크교 집안에는 해외에 거주하는 친척이 없는 집이 드물 정도며, 해외에서도 독자적인 커뮤니티를 유지하고 있다. 〈싱 이즈 킹Singh Is Kinng, 2008〉은 이런 시크교도 커뮤니티의 모습을 우화적으로 표현한 재미있는 코미디 영화이다.

이렇게 펀자브에 시크교도가 집중되다 보니 "시크는 힌두가 아니다"라는 시크의 정체성이 이슈화되었고, 시크교가 이슬람 세력과 다투는 과정에서 형성된 분리 독립 운동인 칼리스탄 운동이 촉발되었다.

칼리스탄 운동은 실제로는 세력이 크지 않은 일부 극단주의자들의 주장일 뿐이었지만, 이를 주도하던 빈드란왈레가 1983년 7월부터 황금 사원을 점거하고 무력시위에 나섰다. 이에 인디라 간디 정부는 다민족 다종교 국가로서 독립 이후 어떠한 정치 세력도 분리 독립을 허용하지 않는다는 전통에 따라 1984년 6월 탱크를 앞세운 정부군을 동원해 황금 사원의 무력시위를 진압하기에 이른다.

이 과정에서 시크교 극단주의자뿐만 아니라 300여 명의 무고한 시크교 순례자들이 목숨을 잃고, 황금사원의 일부가 훼손되었다. 이는 시크교도들이 칼리스탄 운동에 더욱 결집하는 결과를 가져왔다.

이후 10년 정도 시크교도들의 본격적인 무장투쟁과 이에 대한 인도 정부의 '테러 진압'이 이어져 극한 갈등이 계속되었고, 지금은 펀자브 지역의 대립이 겉으로는 봉합된 것처럼 보인다.

시네마 인도

〈**그 남자의 사랑법**Rab Ne Bana Di Jodi, 2008〉

대학 시절 자신이 모셨던 교수님의 딸 결혼식에 초대받은 펀
자브 전력회사 직원 수린더(수리). 그는 교수님의 딸 타니를 보
고 한눈에 반하지만 결혼식 준비를 지켜볼 수밖에 없다. 연애로
만난 상대와 결혼하는 타니의 집안은 흥겹고 분주하다. 그러나
그것도 잠깐, 신랑 가족이 타고 오던 버스가 전복되면서 모두가

사망했다는 소식에 순식간에 초상집이 되고 만다.

그 충격으로 타니의 아버지는 쓰러져 병원에 눕는다. 그리고 자신이 다시 일어나기 힘들다는 사실을 깨닫고는 수리에게 타니를 아내로 맞아달라고 부탁한다. 그렇게 타니의 아버지는 세상을 떠나고, 수리와 타니는 결혼 후 함께 수리가 살고 있는 암리차르로 향한다.

타니는 수리에게 그의 아내로서 함께 살아가긴 하겠지만 수리를 사랑하기는 어려울 것 같다고 토로한다. 그렇게 두 사람은 동거를 시작하고 수리는 타니의 아픔을 이해하며 말없이 그녀의 곁을 지킨다.

그러던 어느 날 타니는 뭄바이에서부터 즐겼던 댄스 교습을 받으러 다니기 시작한다. 차분하고 진중한 성격인 수리는 오로지 타니가 아픔을 잊고 즐겁게 살길 바란다. 그래서 무한 긍정의 쾌활한 라즈로 분장해 타니와 같은 댄스 교습소에 등록한다.

댄스 파트너로 친해진 두 사람은 점점 더 서로에게 호감을 느끼고, 라즈로 분장한 수리는 그 라즈와의 경쟁에서 자신이 지고 있다는 사실에 고민한다. 결국 수리는 라즈의 모습으로 타니에게 사랑을 고백하고, 타니는 그 사랑을 받아들이기 어려운 자신의 현실에 괴로워한다.

시네마 인도

영화는 아침마다 황금 사원에서 구루 나낙$_{Nānak}$이 자신의 운명을 이끌어줄 것이라고 기도하는 신실하고 진실된 수리의 모습을 보여준다. 한국에서의 공식 제목은 〈그 남자의 사랑법〉이지만, 원어 제목을 직역하면 힌디어로 '신이 맺어준 사랑(인연)'이라는 뜻으로 너무나도 인도다운 낭만적 사랑을 그려낸 작품이다.

편자브가 배경인 탓에 수리와 타니가 화려한 터번을 두른 시크교도들에 둘러싸여 살아가는 장면이 등장하고, 건물마다 시크교의 창시자인 구루 나낙의 모습이 걸려 있는 것을 볼 수 있다.

크리켓은 왜 인도의
국민 스포츠가 되었는가?

인도를 대표하는 국민 스포츠는 크리켓이라고 해도 과언이 아닐 것이다. 인도 영화에서 아이들이 노는 장면은 백이면 백 공터에서 크리켓을 하는 모습이다.

언제인지 자세히 기억나지는 않지만, 예전에 LG전자가 인도에서 TV 시장을 석권한 성공 스토리를 다룬 공중파 방송이 있었다. 당시 LG전자가 인도에서 출시한 TV에 간단한 게임을 함께 제공했는데 그게 바로 크리켓이었고, 그 점이 인도인들에게 좋은 인상을 주어 TV 시장을 석권할 수 있었다는 내용이다. 그만큼 인도인들에게 크리켓은 우리의 축구나 야구만큼 일상적이고 열광적인 스포츠다.

우리에겐 생소하지만, 크리켓은 전 세계적으로 105개 회원국을 보유하고 있는 인기 스포츠다. 또한 크리켓 월드컵은 피파 월드컵, 럭비 월드컵, 올림픽과 함께 4대 스포츠 이벤트로 인정 받고 있으며, 매회 22억 명 이상이 시청하는 지구촌 축제다.

일례로 2004년 삼성전자가 후원한 '2004 인도-파키스탄 삼성컵 크리켓대회'는 타이틀 스폰서를 포함해 경기의 중계와 광고 수입이 1,500만 달러(약 200억 원)에 달했다. 인도와 파키스탄의 대결은 한일전을 상상하면 된다. 그러나 아무리 앙숙인 국가 간 대결이라 하더라도, 친선 경기에서 저 정도의 수익을 얻을 수 있다는 건 크리켓이 인도에서 대중적 인기는 물론 경제적 파급 효과가 매우 큰 스포츠라는 것을 알려준다.

놀라운 사실은 선수 선발 과정에서 구단 운영자들이 인도를 포함한 전 세계 크리켓 선수들을 대상으로 경매를 진행한다는 것이다. 자전적 영화가 만들어질 정도로 인도에서 인기 절정인 전 인도 국가대표팀 주장 마핸드라 싱 도니는 6,000만 루피(약 150만 달러, 약 20억 원)로 최고 연봉을 받았고, 호주 선수 앤드루 사이먼즈가 두 번째로 높은 연봉을 받았다.

당시 선발된 선수들의 평균 연봉은 2,100만 루피(약 52만 달러, 약 6억 원)로 3,000만 루피(약 75만 달러, 약 9억 원) 이상의 연봉을 받고 입단한 선수들만 16명이었다. 이들은 1년간 경기 횟수로 환산했을 때 미국 프로농구인 NBA 다음으로 높은 연봉을 받는다. 마핸드라 싱 도니는 2009년 연봉과 광고 수입 등을 모두 합쳐 연간 1,000만 달러 이상을 벌어들여 그해 전 세계 스포츠 선수 연봉 랭킹 26위에 오르기도 했다.

인도는 크리켓 회원국 중에서도 세계 최초 프로 리그인 인디언 프리미어 리그IPL : Indian Premier League를 2008년부터 운영하고 있다. IPL은 인도 각 지역을 연고로 하는 8개 구단으로 발족했으며, 최초 구단에 대한 10년간 운영권을 경매 방식으로 입찰했다.

이때 유명한 기업뿐만 아니라 영화배우들도 경쟁에 뛰어들어 샤룩 칸이 콜카타의 콜카타 나이트 라이더스Kolkata Knight Riders, KKR를, 프리티 진따가 모할리의 킹스 XI 펀자브Kings XI Punjab, KXIP 운영권을 각각 인수해 구단주가 되었다.

IPL은 우리나라 프로 야구와 마찬가지로 구단 연고 지역을 순회하며 경기를 하는 이른바 '홈 앤드 어웨이Home & Away' 방식으로 진행된다.

인도의 크리켓은 영국 식민지 시대를 거치면서 국민 스포츠로 정착했다. 영국에서 시작되어 신사들의 스포츠라는 별명도 가지고 있는데, 이는 크리켓이 신사처럼 점잔을 빼는 경기라는 의미가 아니다. 말 그대로 신사들이 즐기던 경기라는 뜻으로 실제 경기는 장시간 진행되지만, 굉장히 속도감 있고 긴장감이 넘친다.

○ 공터에서 크리켓을 즐기는 인도 소년들 / 출처: 게티이미지

인도의 크리켓에 대한 수용은 1840년 봄베이에서 최초의 인도인 크리켓팀이 결성된 것을 시작으로, 1866년에는 힌두교인 크리켓팀이, 1883년에는 무슬림 크리켓팀이 결성되었으며

○ 뭄바이 완케데Wankhede 스타디움 / 출처: wikimedia

19세기 후반에는 전국적으로 크고 작은 팀이 생겨났다.

이후 20세기 초반에 등장한 민족주의와 함께 크리켓은 영국의 지배에 대항하는 반영 감정을 합법적으로 표현하는 스포츠로 성장했다. 인도 팀과 영국 팀이 경기를 하면 온 국민이 인도 팀을 응원했고, 인도 팀이 승리하면 모두 함께 환호했다. 인도인들이 크리켓을 통해 공공의 적인 영국에 대항해 연대하게 된 것이다. 이런 과정을 거쳐 대영제국의 귀족 스포츠였던 크리켓이 오늘날 명실상부한 인도의 대표 스포츠로 자리매김했다.

크리켓은 홍차와 더불어 영국인의 문화를 인도에서 현지화한 대표적 식민지 유산으로 꼽힌다. 막대기와 공, 방망이 그리고 일정 규모의 공간만 있으면 즐길 수 있는 경기이기 때문에 인도에선 어려서부터 누구나 좋아하는 가장 대중적인 스포츠다.

또한 크리켓은 여느 다른 국가의 스포츠처럼 종교적·국가적 갈등을 표출하는 역할도 하고 있다. 인도에서는 영국과의 경기도 중요하지만, 그보다 더 중요한 것으로 꼽는 게 바로 파키스탄과의 경기다. 종교적 적대감과 군사적 대치 상황을 유지하고 있는 두 나라이기에 크리켓 경기가 심리적 대리전 성격을 띠는 것이다. 인도에서는 다른 나라에는 져도 파키스탄에는 절대 져서는 안 된다.

〈**라가안**Lagaan: Once Upon a Time in India, **2001**〉

인도 영화에는 크리켓 선수들의 일대기를 다룬 작품이 많다. 그중 대표적인 것이 바로 〈라가안Lagaan: Once Upon a Time in India, 2001〉 이다.

'라가안'은 '세금'이라는 뜻으로, 영화는 영국의 지배력이 절정에 달해 있던 1893년 구자라트의 어느 마을이 배경이다. 인도 무굴왕조 말기 식민지 지배를 시작한 영국은 지역의 영주를 보호한다는 명목으로 영주가 걷어가는 세금의 일부를 자신들에게 내면 영국군이 다른 영주로부터 해당 지역의 기득권을 보장해주는 방식으로 지배권을 넓혀가고 있었다.

이런 상황에 가뭄으로 땅은 점점 타들어가는데 세금이 너무 가혹했다. 마을 주민들은 세금을 감면해달라고 지역 영주를 찾아간다. 하지만 그곳을 통치하는 실세는 영국이기 때문에 영주는 쉽게 답을 주지 못하고, 결국 주민들은 영국 장교로부터 한 가지 제안을 받는다. 마을 주민들이 영국군과 크리켓 경기를 벌여, 이기면 3년 치 세금을 면제받고 지면 3배의 세금을 내기로 한 것이다.

결국, 마을 청년 부반(아미르 칸)을 중심으로 생전 처음 접하는 크리켓 경기를 익히기 위해 맹렬히 연습에 돌입하지만, 그들 앞에는 경기 외에도 카스트와 종교로 인한 갈등을 풀어야 하는 숙제도 잔뜩 쌓여 있다.

이 영화는 주연 배우를 맡은 아미르 칸이 프로덕션을 차린 후 직접 제작에 참여한 첫 영화로, 흥행에 대성공을 거두며 아미르 칸 스타일 영화의 시작을 알린 작품이다. 필름페어 어워드와 할리우드 아카데미상 외국어 부문에 각각 노미네이트되기도 했으며, 2001년 내셔널 필름 어워드에선 최고대중영화상을 수상

했다.

영화는 기본적으로 애국심과 결합된 스포츠 영화의 기본 플롯을 충실하게 따르고 있다. 자신들이 절대 우위에 있다고 자신하는 크리켓을 통해 피지배 백성들을 골탕 먹이려는 제국 지배자들의 오만과 만용, 그리고 그것에 대항해 하나로 똘똘 뭉친 인도인들이 얼마나 슬기롭게 그들을 이겨내는지를 보여준다.

불가촉천민 출신 선수, 무슬림 출신 선수, 장애를 가진 선수 모두가 식민지의 피지배자라는 유대감을 토대로 단결해 난관을 헤쳐나간다는 설정은 전형적인 인도식 애국주의다. 제국주의에 맞서 신분과 종교를 뛰어넘는 단결을 보여주는 성두적인 설정이지만 자세히 들여다보면 인도가 사회주의적 성향의 국가주의를 강조하는 국가였다는 사실을 은연중에 느낄 수 있다.

이 영화의 또 다른 강점은 이런 무거운 주제를 시종일관 밝고 경쾌하게 삶에 대한 낙관적인 태도로 이끌어간다는 것이다. 스포츠와 애국이 결합한 익숙한 구성과 익숙한 설정에 어떤 결말일지 충분히 예상됨에도 영화는 보는 내내 흥겹고 즐겁다.

더불어 크리켓을 전혀 모르는 농부들이 크리켓을 배워가는 과정이 주요 줄거리이기 때문에 문외한이 새롭게 크리켓을 이해할 수 있도록 도움을 주는 재미난 영화다. 우리에게 익숙하지 않아서 그렇지 크리켓은 쉽게 배울 수 있는 스포츠다.

세계 최대의 다양성을 가진 나라 인도, 정치는 어떻게?

인도는 28개 주와 7개 연방 직할지로 이뤄져 있으며, 각 주마다 의회와 정부가 있고 외교와 군사를 대표하는 중앙 정부와 연방 의회로 구성된 연방제 국가다. 의회는 상·하원 양원제를 채택하고 있으며 내각책임제로 대통령이 있긴 하나 상징적인 존재일 뿐이다. 실권을 장악하고 있는 총리가 연방의 내각을 구성하고, 연방에선 외교, 국방, 거시경제, 통신 등 기간망과 대외적인 부분을 책임진다.

주 정부는 치안, 교육, 자연자원 등 해당 지역에 한정된 내용을 관리하며 정치적 구성이 매우 다양하다. 인도의 정치 시스템을 파고들어가면 우리나라와는 사뭇 다르기 때문에 이해하기 어려운 부분이 많다.

사실 인도는 영국 식민지 시절, 하나의 통일된 국가가 아니었다. 무굴왕국의 직접적인 지배가 약해진 틈을 타고 세력을 키운 지방 군주국과 영주들이 관할하는 영토들이 남아 있는 상황에서 영국의 식민지화가 진행되었다. 게다가 설상가상으로 영국은 인도를 편리하게 지배하기 위해 자신들 마음대로 지역을 구분했고, 그 결과 인도는 해방 이후에도 하나의 통일성을 가지기 어렵게 되었다.

인도 정치에서 가장 중요한 집단은 인도국민회의INC: Indian National Congress(이하 국민회의당)로 우리가 익히 알고 있는 간디와 네루가 소속되있던 정당이다. 국민회의당은 1885년 영국 식민지 시절에 창립되어 지금까지 사실상 인도를 이끌어가는 인도 현대 정치사의 가장 대표적인 정치집단이다. 하지만 최근 네루 간디 가문의 적통이 소니아 간디라는 이탈리아 출신의 외국인 며느리에게 넘어가고 힌두민족주의가 득세하면서, 국민회의당은 과거의 명성에 걸맞은 모습을 보여주지 못하고 있다.

#인도의_선거

인도의 선거는 위험하면서도 재미있다. 수많은 무장 게릴라들이 활동하고 때론 분리 독립 운동 세력도 나타나는 데다 사상과 계급·종교에 따라 많은 정치집단이 이합집산하고 있다. 그러면서도 매번 선거를 통한 정권 이양을 성공적으로 이루어내는 세계 최대의 민주주의국가라는 자부심을 가진 나라이다.

인도 선거의 독특한 점은 워낙 문맹율이 높아서 투표를 할 때 정당이나 사람 이름이 아닌 기호를 사용한다는 것과 그와는 반대로 전 세계에서 유례없는 첨단 전자투표기를 활용한다는 것이다. 기호로 투표를 해야 하기 때문에 인도의 정당들은 자신을 상징하는 문양을 사용한다. 아래의 그림과 같이 국민회의당은 손바닥, 인도인민당은 연꽃이 상징이다.

○ 인도국민회의마크　　　　○ 인도인민당 깃발

앞서 말했듯이 인도는 전자투표기를 사용해 투표를 진행한다. 물론 워낙 오지나 깊은 숲속 마을이 많아 투표소를 설치하는 것조차 쉽지 않으므로, 아직 인도 전역에서 시행되고 있는 것은 아니다. 인도에서 이런 첨단 시스템을 개발해 사용하는 것은 당연히 필요에 의한 것이겠지만, 높은 문맹률과 대비했을 때 아이러니한 면이라고 볼 수 있다. 영화 〈뉴턴Newton, 2017〉은 이런 전자투표기를 이용한 투표가 어떻게 진행되는지를 잘보여준다.

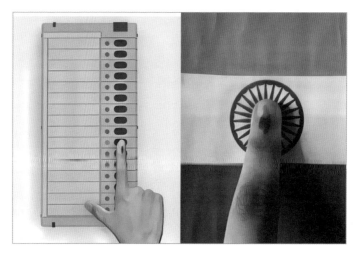

○인도의 전자투표기와 투표 증표용 특수 잉크 / 출처: 게티이미지

　인도의 선거도 우리처럼 선거인 명부를 통한 확인 절차를 거친 후 투표를 진행한다. 하지만 영토가 워낙 넓은데다 하루 만에 투표를 완료할 수 없다 보니 중복 투표의 위험성을 없애야 할 필요가 생겨났다. 그래서 위의 사진처럼 투표자의 손톱에 특수 잉크를 바른다. 이 잉크는 대략 한 달 정도 지워지지 않아 투표를 했다는 증표로 사용된다.

〈**뉴턴**Newton, **2017**〉

　세계 최대 민주주의 실현 국가라는 자부심이 가득한 인도에
서 선거가 갖는 의미는 남다르다. 그리고 이 선거를 운영하고
지켜나가는 존재가 바로 선거관리위원들이다. 영화는 대학 졸
업 후 선거관리위원으로 사회생활을 시작한 뉴턴이라는 젊은
이의 이야기를 담고 있다.

뉴턴은 선거관리위원으로서 선거 관련 규칙과 다양한 내용을 교육받은 후, 얼마 전까지 공산주의 무장 단체인 낙살라이트들이 점령하고 있는 정글 지역으로 파견을 나간다.

선거관리위원들을 보호하기 위한 군대가 동원되고 72명의 유권자를 위해 투표소를 설치하지만, 오전 내내 아무도 투표하러 오지 않는다. 이런 상황을 모르는 상부에서는 선거 시스템을 자랑하고자 외국 언론 기자들과 함께 투표소를 찾아오겠다고 한다. 그리고 뉴턴은 우여곡절 끝에 군인들의 도움으로 주민들을 투표장으로 이끌고 온다.

영화는 풍자로 가득한 블랙 코미디다. 무장 게릴라가 언제 나타날지 모르는 위험한 지역에 군대를 오래 두고 싶어 하지 않는 군 지휘관과, 누구든 원할 때 투표를 할 수 있어야 하며 정상적으로 선거를 마쳐야 한다는 생각을 가진 뉴턴이 서로 대립하면서 상황은 점점 꼬여만 간다.

지극히 원칙주의자인 뉴턴에게 선거는 완수해야 하는 자신의 중요한 임무이지만, 목숨을 담보로 하는 군인들을 이끄는 군 지휘관의 주장도 현실적이다. 그래서 서로 충돌하는 이기적인 장면이 그려지는데, 둘 다 결코 가볍게 생각할 수 없는 정당성을 보여준다.

무엇보다 뉴턴의 요청에 의해 이끌려온 마을 주민은 자신들이 투표해야 할 정치인에 대해 아무것도 모르는 데다, 투표의 필요성을 설명하는 뉴턴의 얘기를 들은 촌장이 자기가 마을의 대표이므로 자신이 델리로 가겠다고 말하는 장면은 인도 정치 현실에 대한 적나라한 조롱으로 읽힌다.

인도는 세속주의를 채택하고 있는 나라로,
각기 다른 종교를 가진 사람들이 더불어 살아가고 있다.
그로 인한 갈등이 항상 내재되어 있긴 하지만
많은 종교가 갖는 다양성이 영화라는
매체를 통해 표출되면서 또 다른 재미를 주기도 한다.

PART 4

영화로 알아보는
인도의 종교

인도, 의외로 종교의 자유가 엄청나다!

#힌두교

인도를 대표하는 종교는 힌두교다. 그런데 사실 힌두교는 실체가 없는 종교로, 창시자도 없고 일관된 경전도 없다. '힌두Hindu'라는 말은 '인도'를 가리키는 고대 페르시아어로, 인더스강을 산스크리트어로 '신두Sindhu'라고 부른 데서 비롯되었다. 인도에서는 불교, 자이나교, 기독교, 이슬람교와 같이 뚜렷한 성향의 종교를 가지고 있지 않은 채 신을 믿으면 그냥 묻지도 따지지도 않고 모두 힌두교로 분류한다.

사실 힌두교에 실체가 없을 수밖에 없는 이유가 있다. 힌두라는 말이 인도를 식민지로 만든 영국이 인도의 종교인들을 구분하기 위해 만들어낸 자의적인 명칭이기 때문이다. 원래 힌두교 신자들은 자신의 종교를 '사나타나 다르마(영원한 법칙)'라고 불렀다.

좀 더 근원적으로 따지고 올라가면 《우파니샤드》, 《베다》, 《마누법전》에 기초한 삶을 살아가는 브라만교의 후신이라고 보기도 하지만, 3억 3,000의 신이 존재한다고 믿는 다신교를 바탕으로 하기 때문에 예수나 부처도 힌두교 입장에서는 여러 신 중 하나일 뿐이다.

힌두교는 모든 신을 흡수해버리는 능력을 가지고 있으며, 실제로 부처를 비슈누의 화신으로 본다. 결론적으로 힌두교는 카르마(업業)와 윤회에 기초해 자신의 다르마(규칙)를 지켜가는 종교로 어쩌면 '인도적인 관습 그 자체'라고 볼 수도 있다.

힌두교의 모태인 브라만교는 아리아인들의 침공과 함께 유입되었다고 본다. 이후 인종적 차별을 구분하는 카스트가 시행되고 브라만교가 정착하면서 지배계급과 피지배계급의 갈등이 격화했다. 그러다 기원전 6세기경 불교와 자이나교가 평등사상을 기치로 탄생하자 브라만교의 위상이 많이 흔들렸고, 결국 불교와 자이나교의 사상을 일부 흡수하면서 현재의 힌두교 형태로 발전했다.

힌두교에서는 가장 중요한 것이 바로 카르마와 윤회 사상이다. 자신의 카르마를 다하지 못하면 다음 생에 나쁘게 태어난다는 사상으로, 카르마를 어떻게 정의할 것인지에 대해서는 다소 논쟁이 있을 수 있다.

힌두교인들은 기본적으로 자신의 계급과 직업에 따른 카르마가 존재하는 것으로 인식하며, 이는 카스트를 견고하게 유지하는 기본 사상으로 이용되기도 한다. 그래서 인도에서는 거지가 구걸을 하면 자신에게 보시할 기회를 준 것에 감사해야 한다고 믿는다.

카르마를 잘 쌓아 다음 생에 윤회를 끝내는 것이 진정한 해탈이라고 여기는 그들의 사상은 삶 자체가 지옥이자 형벌이라고 설명한다. 불교 문화가 남아 있는 우리나라에서도 윤회를 다룬 작품이 있긴 하지만, 인도 영화는 특히나 삶의 윤회를 소재로 한 경우가 왕왕 보인다.

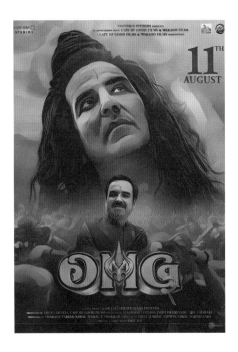

〈오 마이 갓! OMG: Oh My God!**, 2012〉**

이 영화는 할리우드의 〈브루스 올마이티Bruce Almighty, 2003〉를 리메이크한 작품이다. 칸지는 신앙이라고는 병아리 눈물만큼도 없는 무신론자이지만, 신심을 이용한 장사는 기가 막히게 잘한다.

시험을 앞둔 아들이 박 터트리기 축제 행사에 참여하자 성자로 추앙받는 구루의 이름으로 크리슈나에게 우유와 버터를 공양하라고 말해 행사를 엉망으로 만들고는 아들을 집으로 끌고 온다.

어렸을 적 독이 든 우유를 먹다 죽을 뻔한 크리슈나 신한테 우유를 공양한 것은 신에 대한 불경이라고 말하며, 구루는 칸지에게 저주를 내린다. 그리고 그날 저녁 실제로 뭄바이에 작은 지진이 일어나고, 주변의 다른 가게들은 멀쩡한데 칸지의 가게만 부서져 400만 루피(8,000만 원 상당)의 손해를 입는다.

이 사건이 신의 저주라는 주변의 만류에도 칸지는 손해보험에 가입해서 괜찮다고 주장하며 보험회사를 찾아간다. 그러나 보험회사는 지진은 천재지변Act of God에 해당하므로 보험금을 지불할 수 없다고 말한다. 결국, 가게를 팔려고 내놓았으나 그 터조차 부정을 탔다며 아무도 사려 들지 않는다. 칸지는 최후의 수단으로 신을 상대로 소송을 제기하려 하는데, 어떤 변호사도 맡아주려고 하지 않는다.

칸지는 할 수 없이 알라를 믿는 은퇴한 무슬림 변호사를 찾아가 변호를 부탁한다. 변호사는 신의 주소를 알지 못하니 신의 소리를 대변하는 여러 성자와 현자들에게 소송장을 전달한다. 당대의 유명한 모든 성자에게 고소장을 보내자 그들은 회의를 열어 칸지의 소송을 신에 대한 모독으로 간주하고, 그에게 신의

시네마 인도

목소리를 들려주기 위해 소송을 받아들인다.

소송이 시작되고, 칸지는 성자들이 풀어놓은 신자들로부터 공격을 받는 도중 절체절명의 순간을 맞이하는데, 이때 자신이 크리슈나라고 주장하는 의문의 한 남자가 그를 구출한다. 크리슈나는 저당잡힌 칸지의 집을 인수한 사람으로 칸지를 만나기 위해 왔는데, 이후 칸지와 같이 기거하면서 자신의 컨설팅 능력을 발휘해 칸지를 도와주기로 한다.

이후 소송은 새로운 양상으로 전개된다. 천재지변으로 보험회사의 보상을 받을 수 없었던 사람들이 칸지 주변으로 모여들기 시작한다. 맨 처음 힌두교 신을 상대로 한 소송이 기독교, 이슬람교 등 모든 종교의 신을 대상으로 확산된다. 이렇게 소송이 이어지면서 칸지는 새로운 영웅으로 떠오른다.

이 영화는 〈브루스 올마이티Bruce Almighty, 2003〉보다도 더 독특한 재미를 선사하는 코미디 영화다. 사제들을 '신을 파는 세일즈맨'으로 표현하며 영화 속 TV 인터뷰 쇼를 통해 보여주는 종교와 신에 대한 명쾌한 해석은 사람들의 공감을 얻기에 부족함이 없다. 악쉐이 쿠마르와 파레쉬 라울은 인도 코미디를 대표하는 배우들로, 다양한 신에 대한 정의를 너무나도 인도스럽게 유쾌하고 통쾌하게 그려낸다.

〈피케이 : 별에서 온 얼간이PK, 2014〉

이 영화는 지구를 탐사하러 온 외계인이 우주선과의 교신용 리모컨 장치를 도둑맞아 그 리모컨을 되찾을 때까지 지구에서 살아야 하는 한 외계인의 지구 여행기다.

지구에서의 삶은 적응하기 어려운 데다 지구인이 보기에 이상한 행동을 하고 거리의 부랑자로 살아가기 때문에, 외계인은 주변 사람들로부터 PK['피케이'는 인도어로 '술에 취한(삐께)'이라는 말과 발음이 비슷하다]라고 불린다.

어느 날 신을 찾고 있는 PK의 행동이 뉴스 채널 리포터로 일하는 자구의 눈에 들어온다. 자구는 뉴스거리가 될 거라는 생각에 PK를 따라다니지만, 자신이 외계인이라는 PK의 말에 그를 단순한 미치광이라고 생각한다. 그런데 PK가 벌이는 일련의 행동은 리모컨을 가져간 도둑의 행방을 물을 때마다 사람들로부터 "신에게 물어보라"는 말을 들었기 때문이다. 이 사실을 알게 된 자구는 결국 PK가 외계인이란 걸 믿게 된다.

그러던 어느 날, 성사로 추앙받는 종교 지도자 디파스비가 리모컨을 가지고 있다는 사실을 알고 그를 찾아간다. 그러나 타파스비는 신비한 빛을 내는 이 장치를 신과 소통하는 소품으로 사용하고 있어 돌려주려 하지 않고, PK는 타파스비에게 계속 무시당한다. 한편, 자구는 PK를 이용해 재미난 쇼를 기획한다. 바로 최고의 종교 지도자 타파스비와 종교에 대해 논리적인 대결을 시키는 것이다.

이 영화는 지구에서의 생활이라고는 힌두어를 배운 게 전부인 외계인이 신이라는 존재를 만나기 위해 애쓰는 과정을 재미나게 보여준다. 집으로 돌아가기 위해 신을 꼭 만나야 하지만,

인도에는 수많은 신이 모여 있어 자신에게 맞는 신을 어떻게 찾아야 할지 종잡을 수가 없다.

콘돔을 든 사람들이 자신의 것이 아니라고 꺼리는 장면에서 PK가 "결혼식 때 폭죽까지 터트리며 '나 오늘 섹스해요'라고 광고하면서 콘돔은 왜 꺼리는 거냐"며 의아해한다거나, 시험을 앞둔 학생들의 두려움을 이용해 붉은색을 칠한 길거리의 돌멩이를 팔아 돈을 버는 장면은 우리가 처한 현실의 이중성과 종교적 이중성을 잘 보여주는 대목이다.

〈옴 샨티 옴 Om Shanti Om, **2007〉**

30년 전 대배우를 꿈꾸던 단역배우 옴 프라카시(샤룩 칸 분)는 어느 날 영화 촬영장에서 위기에 처한 여배우를 도와준다. 도움을 받은 그녀는 한창 인기 상승 중인 산티 프리야. 고마운 마음에 그녀는 그에게 호의를 베풀고, 그는 이를 계기로 그녀를 짝사랑하게 된다.

하지만 옴 프라카시는 그 여배우와 실제 연인 관계였던 부도덕한 제작자의 음모에 휩쓸려 목숨을 잃고, 마침 현장을 지나가던 한 배우의 아들로 환생한다. 30년 후, 주인공은 연기력이 볼품없음에도 불구하고 가문의 후광으로 잘나가는 배우가 되어 영화계에서 큰 힘을 발휘한다. 영화는 그가 이렇게 유명한 배우로 살아가다 이전 생의 삶을 기억하게 되면서 벌이는 음모와 복수 이야기를 담고 있다.

이 영화는 샤룩 칸이라는, 인도 영화계를 대표하는 자수성가한 대배우를 주인공으로 출연시킴으로써 좋은 가문에서 태어나면 쉽게 성공하는 인도 영화계를 풍자한다.

과거와 현재를 넘나드는 영화 속 촬영장과 파티장 곳곳에 카메오로 등장하는 인도의 유명 배우들을 알아보는 재미도 쏠쏠해서 인도 영화 열성팬에게는 리트머스 같은 작품으로 인기가 많다. 하지만 국내 개봉 당시 너무 많은 장면을 잘라낸 탓에 앞뒤 내용이 맥락 없이 전개되는 바람에 저주받은 걸작으로도 유명하다.

시네마 인도

#이슬람교(무슬림)

'소외된 역사의 지배자'라는 별칭이 잘 어울릴 정도로 인도 내에서 무슬림은 애매한 자리를 차지하고 있다. 끊임없이 인도를 침략하고 지배했지만 언제나 소수자의 위치에 머물러 있는 이슬람교는 독립한 인도에서는 식민지 이전의 권리를 누리기 어렵다는 판단하에 파키스탄으로 분리 독립하는 것을 선택한다. 이 분리 독립 과정에서 양쪽 모두에서 수많은 이주민이 발생하는데, 대다수 무슬림은 삶의 터전이 있는 인도에 그대로 머물기로 결정한다.

이때 증오로 인한 학살이 양측에서 무수히 벌어지고, 파키스탄과 인도는 서로를 신뢰하지 않는 앙숙 사이가 된다. 인도 내에 있는 무슬림들은 파키스탄의 첩자 취급을 받기도 한다.

엄격한 채식을 할수록 높은 계급이라고 생각하는 힌두교의 정서로 볼 때, 돼지고기를 안 먹는다고 해도 무슬림이 기본적으로 육식을 즐기는 것에 혐오감을 드러내는 경우가 많다. 참고로 힌두교는 소고기 섭취가, 무슬림은 돼지고기 섭취가 금기 대상이다.

영화 〈카쉬미르의 소녀Bajrangi Bhaijaan, 2015〉를 보면 이런 종교적 색깔을 쉽게 알 수 있다. 말을 못 하는 길 잃은 어린 소녀를 발견한 주인공이 식사 시간에 소녀의 얼굴을 보며 밝고 하얗기 때문에 상위 카스트 집안일 거라고 얘기하는 장면이 나온다. 그

영화로 알아보는 인도의 종교

러나 소녀가 무슬림 가정에 들어가 육식을 하는 모습에 기겁하거나, 소녀를 찾으러 이슬람 사원에 들어가면서 서로 몸이 닿을까 걱정해 몸을 비비 꼬는 것은 무슬림에 대한 혐오를 그대로 드러낸 장면이라고 할 수 있다.

이런 이슬람 혐오는 독립 직후 양측 간의 학살로 시작되어 무슬림 지역인 카슈미르 분쟁과 무슬림에 의한 테러가 끊임없이 이어지면서 격화된 측면이 있다. 거기에 힌두민족주의와 힌두 우월주의가 더욱 팽배해지면서 갈등은 점점 더 심해지고 있다.

이를 대표하는 사건으로 아요디아 사태를 들 수 있다. 1992년 발생한 아요디아 사태는 비슈누의 화신으로 추앙받고 있는 람(라마)의 고향 아요디아에서 이슬람 왕조가 람 사원을 부수고 이슬람 사원을 세웠다는 인도인민당의 선동에서 비롯되었다. 이에 수많은 힌두 극단주의자들이 몰려들어 이슬람 사원을 부수었고, 이슬람교와 힌두교 양쪽에서 수천 명의 사상자가 발생한 최악의 종교 갈등이 빚어졌다.

인도 내에서 힌두와 무슬림의 반목은 아직도 심각하다. 서로 테러를 자행하고, 그에 대한 보복성 테러를 다시 자행한다. 하지만 이러한 갈등은 평화를 사랑하는 인도인들이 원하는 바가 아닐 것이다. 왜냐하면 인도 영화 속에서 힌두와 무슬림은 끊임없이 서로를 이해하고 화해와 평화를 원한다는 메시지를 보내고 있기 때문이다.

시네마 인도

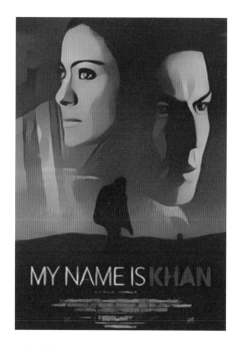

〈내 이름은 칸 My name is Khan, **2010〉**

이 영화는 '칸'이라는 이름 때문에 무슬림이 받는 오해와 편견에 대해 말한다. 주인공 리즈완 칸(샤룩 칸 분)은 자폐(아스퍼거 증후군)를 가지고 있는 무슬림으로 어려서부터 특정한 사물을 고치는 능력을 지녔다. 자폐인 리즈완을 정성스레 돌보는 어머니로 인해 동생 자키르는 소외감과 질투를 느끼고 결국 홀로 미국으로 건너가 결혼해서 살아간다.

어머니가 돌아가신 후 자키르는 형 리즈완을 샌프란시스코로 데려와 함께 살고, 리즈완은 자키르 회사에서 외판 일을 하게 된다. 외판 일을 하던 중 리즈완은 힌두교 여성 만디라(까졸 분)를 만나 결혼한 후, 그녀의 아들 사미르와 함께 '칸'이라는 성을 가진 가족으로 새로운 생활을 시작한다.

하지만 얼마 지나지 않아 9.11 테러가 발생하면서 이들 가족은 무슬림이라는 이유로 많은 차별을 경험한다. 이웃에 살던 기자 마크가 아프카니스탄 전쟁 취재 도중 사망하면서 친하게 지내던 그의 아들조차 사미르에게 등을 돌린다. 그러다 상급생들의 심한 괴롭힘으로 아들 사미르가 사망하는 사건이 발생한다.

이에 만디라는 "당신의 이름이 칸이라서 아들이 죽었다"며 리즈완 곁을 떠난다. 리즈완은 함께 살자고 애원하지만, 그녀는 미국인과 미국 대통령으로부터 '칸'이라는 이름을 가졌으나 테러리스트가 아니라는 인정을 받는다면 그와 다시 함께할 수 있다고 말한다. 그래서 리즈완은 당시 대통령이던 부시를 만나러 백악관으로 떠난다.

백악관으로 가는 도중 조지아주의 작은 마을에서 만난 제니와 그의 아들과 친구가 되고, 모스크에서는 우연히 알게 된 이슬람 극단주의자를 FBI에 신고하기도 한다. 결국, 부시 대통령

퍼레이드 장소까지 찾아간 리즈완은 "내 이름은 칸이지만 나는 테러리스트가 아니다"라고 외치는데, '테러리스트'라는 단어에 경찰들이 오해하고 그를 체포한다. 리즈완은 감옥에 갇히지만 그의 사연을 들은 정신과 의사와 인도계 언론인의 도움으로 풀려난다.

이때 미국에 강력한 허리케인이 상륙해 조지아주를 강타한다. 리즈완은 친구가 되어주었던 제니와 그의 아들을 구하기 위해 조지아로 달려가 많은 사람을 돕고, 이런 리즈완의 모습에 공감한 미국 내 많은 무슬림이 그들에게 도움을 주기 위해 리즈완과 함께한다.

주인공 샤룩 칸은 인도 최고의 인기 배우이지만 실제로 9.11 테러 이후 미국에 입국할 때 세 차례나 구금당한 경험이 있다. 그만큼 9.11 테러 이후 무슬림에 대한 포비아가 확산되어 무차별적 혐오가 만연하던 당시의 현실을 담은 영화다. 실제로는 미국이 배경이지만 모든 촬영은 인도의 세트장에서 진행했다.

〈까삐꾸씨 까삐깜Kabhi Khushi Kabhie Gham, 2001〉 이후 다시 결합한 샤룩 칸과 까졸의 황금 조합은 흥행의 정석이라는 사실을 다시 한번 입증하면서 〈가지니Ghajini, 2008〉 이후 역대 최고 흥행 기록을 경신했다.

또한 이 영화는 단순히 미국을 배경으로 이슬람 혐오를 다루는 것 이상의 의미가 있다. 샤룩 칸이 무슬림으로 나오고 까졸이 힌두로 나와 결혼을 했다는 사실이다. 인도 영화 속에서 힌두와 무슬림이 만나 사랑하고 결혼하는 경우가 이전에도 없지는 않았지만, 대부분은 힌두 남성과 무슬림 여성의 결합이었다.

이는 인도 내 다수를 차지하는 힌두의 정서를 거스르지 않고 영화를 제작해야 하는 상황에 비추어보았을 때, 가부장적인 인도에서 친절하고 멋진 힌두 남성에게 무슬림 여성이 끌린다는 힌두우월주의 내지는 암묵적인 이슬람 혐오가 반영된 결과라고 볼 수 있다.

그래서 반대로 무슬림 남성과 힌두 여성의 결혼은 인도 영화에서 굉장히 보기 힘든 조합이다. 이러한 커플링은 아마도 메이저 인도 영화에선 최초로 시도한 것으로 여겨지며, 이런 면에서 볼 때 이 영화는 미국을 배경으로 하고 있지만, 인도 내 무슬림 존재에 대한 자기 외침과 같은 작품이라고 할 수 있겠다.

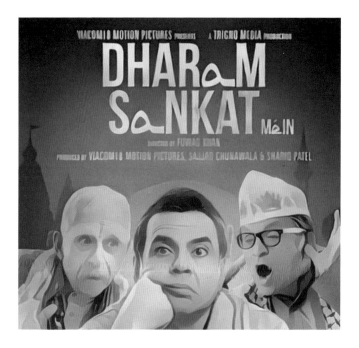

⟨**다람 상캇 메인**Dharam Sankat Mein, 2015⟩

　주인공 다람 팔은 힌두교 부모 밑에서 자랐으며, 열성적인 힌두교도는 아니어도 별 탈 없이 이웃들과도 사이좋게 지내는 평범한 인물이자, 힌두의 금기를 크게 어기지 않고 살아왔다고 자부하는 브라만으로 나름 잘나가는 출장요리사다.

　다람 팔은 아들의 연애 상대 부모가 힌두교 유명 성자의 오른팔이기에 별 볼 일 없어 보이긴 하지만 종교 집회에 나가야 하는 것과, 앞집에 새로 이사 온 무슬림 변호사가 살짝 거슬리는 것 외에는 딱히 살아가는 데 불편함도 특별함도 없이 지낸다.

그러던 어느 날 돌아가신 어머니의 유품을 정리하다가 자신이 고아원에서 입양되었다는 놀라운 사실을 발견한다. 그는 입양 전 자신의 이름에 의문을 가져 고아원에 기부하는 척하면서 열람이 금지된 입양 서류를 몰래 확인하고는 자신이 원래 무슬림 가정의 아이였음을 알게 된다.

50년을 힌두교인이라 믿고 살아온 자신의 정체성에 큰 혼란을 느낀 다람 팔은 이웃의 무슬림 변호사를 찾아가 도움을 요청한다. 그리고 이슬람 커뮤니티를 통해 확인한 결과, 다람 팔은 버려진 게 아니라 어머니가 먼저 돌아가시고 형편이 어려웠던 아버지가 그를 친척에게 맡기고 중동으로 돈을 벌러 갔는데, 그 사이에 친척이 그를 고아원에 맡겼다는 사실을 알게 된다.

또한 아버지가 아들을 잃은 슬픔으로 재혼도 하지 않고 자식을 찾아다녔다는 이야기도 듣는다. 아버지가 지금은 병들고 나이 들어 무슬림 양로원에 기거하고 있다기에 한달음에 달려갔으나, 양로원의 담당자 이맘(이슬람 사제)이 이슬람의 전통과 문화를 제대로 배워오지 않으면 만날 수 없다고 한다.

이웃인 무슬림 변호사는 자식으로서 아버지를 만날 권리를 위해 소송을 하라고 권유했으나, 다람 팔은 힌두교 친구들과 결혼을 앞둔 자녀들을 생각해 조용히 해결하겠다고 마음먹고는 무슬림 변호사에게 이슬람의 전통과 문화를 배운다.

공부를 하다 보니 힌두교로 살아온 자신이 이슬람에 대해 아는 게 거의 없다는 것을 깨닫고 더욱 열심히 배운다. 이후 이슬람 문화에 대한 자신의 지식을 확인하기 위해 이웃 변호사와 함께 무슬림 가정의 행사에 참석하는데, 그 자리에서 이슬람에 대한 원론적인 이야기들을 나누면서 많은 사람들로부터 지식이 높은 사람으로 존경받게 된다.

그러던 중 아들이 결혼하고 싶어 하는 여자의 아버지가 중추적인 역할을 담당하고 있는 종교 단체에서 무슬림에 대한 공격을 멍멍하는 성칭이 빌이시고, 세디기 이비기를 만나기 못하게끔 하는 이맘의 지속적인 방해에 분노가 쌓인 다람은 극단적인 선택을 한다.

태어나면서 종교가 결정되는 인도. 그런데 이슬람 가정에서 태어났지만 힌두교 교육을 받은 사람의 종교는 과연 무엇일까? 인도는 사회적으로 세속주의(기구나 관습, 가치관, 그 소속된 사사들이 종교나 종교적 믿음으로부터 분리되어야 한다는 주장)를 채택하고 있어 종교 선택의 자유나 개종의 자유도 분명 존재한다. 그러나 종교라는 울타리에 갇힌 공동체의 삶 속에서 자신의 종교를 자유롭게 선택하는 것은 결코 쉽지 않은 일이다.

#시크교(칼사단)

시크교는 비교적 근대에 생긴 종교이지만 인도에서 차지하는 비중이 작지 않고 개성이 강해 인도 영화나 문학에서 자주 등장한다. 1469년에 태어난 구루 나낙Nānak이 창시한 시크교는 힌두의 한 종파로 보는 경향도 있지만, 인도의 인구 센서스는 독립된 종교 항목으로 구분해 조사하고 있다.

주로 시크교가 태동하고 번성해온 펀자브 지역에 모여 살고 있어 전체 인도 인구 중에서 차지하는 비중은 2% 수준이나 펀자브에서는 65% 정도의 높은 비율을 보이고 있다.

1대 나낙부터 10대 고빈드 싱까지 10명의 구루가 존재하며, 그 이후는 따로 지도자 없이 경전을 모시고 위원회 성격의 지도부를 두고 있다. 4대부터 9대까지의 구루가 모두 무굴왕국의 이슬람 왕조와 끊임없이 대립하며 성장해온 종교이다 보니, 자연스럽게 상무(상시 무장)적 전통이 생겨났다.

마지막 구루인 고빈드 싱 때에 와서는 힌두와의 차별성을 위해 칼사 형제단을 만들어 5Ks를 지키게 했다. 모든 시크교도가 다 칼사가 되어야 하는 것은 아니지만, 이슬람과 대립하던 시크교도를 영국 정부가 적극 수용하고 인도 내 영국군의 주요 전력으로 삼으면서 칼사의 상무적 전통은 더욱 강화되었다.

이때부터 남자에게는 '사자'라는 뜻의 '싱Singh'이라는 성을 부여하고 여성에게는 '코르Kaur'라는 공통된 성을 부여하는 전통이 생겨났다. 그러나 '싱'은 성으로 쓰이기도 하지만 일반적으로는 중간 성으로 사용하고 자신의 카스트를 나타내는 성을 유지하고 있는 경우가 더 많다.

5Ks는 케시_{Kesh}(자르지 않은 머리), 캉가_{Kangha}(머리빗), 카체라_{Kachera}(순결을 상징하는 하의), 카라_{Kara}(헌신의 상징인 철제 팔찌), 키르판_{Kirpan}(자기 방어와 명예, 힘, 불굴의 정신을 상징하는 검)을 의미하며 칼사 형제단에 입문하면 반드시 지켜야 하는 전통으로 타 종교(특히 힌두교)와의 차별화를 위한 것으로 보인다.

〈로켓 싱: 세일즈맨 오브 더 이어 Rocket Singh: Salesman of the Year**, 2009〉**

　시크교도가 등장하는 영화는 꽤 많지만, 이 작품은 정직과 신뢰를 바탕으로 살아가는 시크교도의 삶을 잘 표현하고 있다.

　주인공은 학교를 갓 졸업하고 잘나가는 컴퓨터 회사의 영업사원으로 취업하는데, 음모와 거짓으로 가득한 영업에 회의를 느껴 정직과 신뢰를 바탕으로 고객들을 확보하면서 자신의 영역을 넓혀간다는 단순하고도 교과서적인 코미디 영화다.

특히 "시크교도로서 구루의 가르침에 따르라"는 할아버지의 말씀이나 첫 외상 거래를 하게 되었을 때 부품 가게 사장이 "살면서 약속을 안 지키는 시크교도는 본 적이 없다"고 말하는 장면은 엄격함을 유지하며 살아가는 시크교도의 삶을 제대로 대변한다.

란비르 카푸르가 연기하는 주인공은 느리고 게으르다고 알려진 인도 사람들과는 달리 부지런하고 밤잠을 설치면서도 맡은 일을 열심이 해내는 모습을 보여준다. 그래서일까? 우리나라 사람들이 일하는 모습과 많이 닮았다는 생각이 든다.

자신의 일에 책임감을 가진 성실한 시크교도의 모습을 통해 성공에 필요한 열정을 어떻게 다스려야 하는지 잘 보여준다.

〈싱 이즈 킹 Singh is Kinng**, 2008〉**

주인공을 맡은 악쉐이 쿠마르 본인이 시크교도였기 때문에 시
크교에 대해 정말 시크한 코미디를 만들어낼 수 있었다는 생각
이 들 정도로, 시크교도의 삶을 제대로 보여주는 코미디 영화다.

해피는 사람 좋고 건강한 데다 마을의 온갖 일에 다 참견하는
오지랖 때문에 항상 의도치 않은 실수로 문제를 일으키는 편자

시네마 인도

브의 사고뭉치다. 이런 해피를 견디다 못한 마을 사람들은 시크 커뮤니티의 힘을 빌려 호주에서 강력한 갱으로 군림하고 있는 럭키를 데려오라며 그를 호주로 보낸다.

그러나 해피의 실수는 끊임없이 이어지고, 그 실수 탓에 이집트로 갔다가 소매치기를 잡으면서 매혹적인 소니아를 만난다. 이후 우연이 맞물려 '킹'이라 불리는 럭키가 코마 상태에 빠지고, 해피가 어쩌다 킹의 이름을 물려받아 시크 갱단의 강인함이 신뢰와 정직을 원칙으로 하는 시크의 정의로움으로 탈바꿈한다.

비록 코미디로 포장된 영화이기는 하지만, 히딩인 해피를 통해 시크의 교리 및 칼사의 전통과 함께 진정한 시크란 무엇인가를 이해하기 쉽게 잘 설명하고 있다. 호주 최강의 갱단에서 최강의 칼사단으로 거듭나는 킹의 조직은 보는 이를 흐뭇하게 만들기에 충분한 재미를 준다.

신의 나라 인도,
그 수만 무려 3억 3,000만!

다신교인 힌두교에는 3억 3,000만의 신이 있다고 한다. 그러나 이렇게 많은 신들 가운데서도 3대 주신인 브라흐마, 비슈누, 시바를 중심으로 교파가 형성되어 있고, 나머지 신들은 샤먼적인 성격이 강하다.

#브라흐마+사라스바티

힌두교 3대 주신 중 브라흐마는 창조를 담당하는 신으로, 모든 방향을 볼 수 있도록 네 개의 머리와 양쪽에 각각 두 개의 팔을

○ 브라흐마

가졌다. 영화에서는 주로 나이 많은 할아버지의 모습으로 등장한다.

창조를 담당하는 신이므로 힌두교 초기에는 신도가 많았으나 6세기 이후로는 점차 사그라들어 지금은 브라흐마를 따로 모신 신전이 전국에 단 하나만 있을 정도로 존재감이 떨어졌다. 인간은 이미 창조가 끝난 세계를 살아가고 있기에 유지나 파괴를 담당하는 비슈누나 시바의 인기가 더 높은 게 당연하다. 하지만 그래도 신화 속에서 창조자의 역할은 중요하기 때문에 주신의 위치는 흔들림 없이 유지되고 있다.

브라흐마의 부인 사라스바티는 학문(지식)과 음악(예술)의 여신으로, 모든 종류의 학습과 연구를 시작할 때 가장 먼저 찾는 여신이다. 대부분의 인도 영화가 시작할 때 등장하는 여신이 바로 사라스바티이며, 여기에는 예술 작품인 영화가 성공하길 바라는 마음이 담겨 있다.

○ 사라스바티

#비슈누(크리슈나)+락슈미

비슈누는 세상의 질서이자 정의인 다르마를 수호하고 인류

를 보호하는 신이다. 그래서 비슈누는 힌
두 신들 가운데 가장 자비롭고 선한 신으
로 알려져 있다.

○ 비슈누

인도에서 가장 오래된 힌두교 문헌
《리그베다》에 나오는 비슈누는 비중 있
는 신이 아니었는데,《베다》시대 말기부터 그 존재가 두각을
나타내기 시작한다. 주변부에 있던 몇몇 신들의 능력을 흡수하
면서 힘이 더 강력해지고 주신의 자리에 안착하면서 비슈누 신
앙이 발전했다.

비슈누는 세 주신 중에서 유일하게 악마와 타협하거나 악마
에게 은총을 내리지 않는다. 오히려 그의 아바타(화신)가 악을
물리치는 역할을 담당하는 것으로 그 존재를 설명할 수 있다.

비슈누는 질서를 유지하기 위해 열 번의 아바타로 태어난다
고 한다. 지금껏 아홉 번의 아바타로 태어났고 열 번째 아바타
는 미래에 올 화신으로 종말 시대에 인류를 구원할 것이라고 한
다. 그래서 비슈누 신앙을 가진 사람들은 마치 불교의 미륵불
신앙처럼 열 번째 아바타 칼키의 구원을 기다리며 비슈누를 추
앙한다.

비슈누의 아홉 화신을 순서대로 나열하면 이렇다. 물고기인
맛쓰야가 첫 번째 화신이고, 이어 거북이 꾸르마, 멧돼지 바라
하, 사자 인간 반인반수 나라심하, 난쟁이 바마나, 도끼를 든 파

라슈라마, 《라마야나》의 주인공인 활을 든 라마, 《마하바라타》에 등장하는 크리슈나, 그리고 부처(붓다)가 아홉 번째 환생 화신에 해당한다.

비슈누의 화신들은 모두 악을 물리치는 존재로 태어나는데, 특히 부처의 경우 그 당시 자행되던 동물 희생 풍습을 멈추기 위해 태어난 존재로 여겨진다. 이는 불교를 힌두교의 한 갈래로 흡수하면서 불교에 대한 대응 논리를 만들어내는 장치로 작용하기도 한다.

비슈누의 화신들 중에서 크리슈나가 특히 인기가 많다. 영화 〈마하바라트Mahabharat, 2013〉에서 언급되는 아르준과 크리슈나의 대화를 기록한 《바가바드 기타》는 힌두 경전 중 하나이며, 크리슈나파가 따로 존재할 정도로 인도 내에서 크리슈나에 대한 인기

○ 크리슈나

는 상당하다. 또한 크리슈나는 1만 8,000명의 아내를 둔 사랑의 신이기도 하다. 그래서 락슈미의 환생인 라다와의 로맨스는 영화와 소설에서 끊임없이 단골로 인용되고 있다.

비슈누는 우주를 상징하는 1,000개의 머리를 가진 뱀 쉐샤Shesha 또는 Vasuki 위에 누워 자신의 부인 락슈미의 안마를 받고 있는 모습으로 자주 그려진다. 비슈누가 잠에서 깨면 그의 배꼽에서

연꽃이 자라나고 그 안에서 브라흐마가 나타난다.

비슈누의 아내 락슈미는 인도에서 가
장 인기 있는 여신 가운데 하나로서 정숙
함, 덕스러움, 미의 대명사로 부와 풍요를
가져다주는 신이다. 그래서 인도 사람들
은 누군가 부유해지면 "락슈미가 그와 함
께 있다"고 말하고, 반대로 빈곤해지면

○ 락슈미

"락슈미의 버림을 받았다"고 말하기도 한다. 락슈미는 비슈누
와 같이 비뉴수 화신의 부인으로 환생하기도 하는데《라마야
나》에서 라마의 부인 시타와 여덟 번째 화신 크리슈나의 연인
라다가 락슈미의 화신으로 알려져 있다.

#시바+샥티+파르바티

시바는 비슈누와 더불어 가장 대중적이고 널리 숭배받는 신
이다. 힌두 신화에서 가장 복합적인 성격
을 가진 신이며 기본적으로 파괴와 재생
을 담당하고 있지만, 성性적인 면에 있어
서는 금욕적이면서도 끝없는 정력을 가
진 에로틱한 양면성을 지닌 존재로도 나

○ 시바

타난다.

우주의 순환 과정에서 해체와 파괴를 담당하고 있어 공포와 두려움의 대상이기도 하다. 시바 숭배의 특징 중 재미난 것은 시바 신상보다는 주로 링가Linga라고 하는 시바의 남근을 상징하는 돌기둥을 더 숭배한다는 점이다.

시바는 요가와 고행의 상징이며 절대적인 진리를 추구하는 존재로 결혼을 거부하고 금욕적인 삶을 추구한다. 이에 브라흐마가 여신 샥티Shakti에게 시바의 고행을 깨고 그와 결혼해줄 것을 요청해 샥티가 닥샤의 딸 사띠Sati로 태어난다.

사띠는 시바와의 결혼을 열망하여 고행한 끝에 신들을 통해 시바에게 결혼을 청하고, 계속 반대하던 시바는 사띠가 자신과 같은 요기(요가 수행자)로서 같이 수행을 하다가 사랑을 원할 때는 사랑스러운 여성이 되어야 한다는 조건으로 결혼을 받아들인다.

○ 샥티

그 후 25년 동안 즐거운 결혼 생활을 이어가던 중 아버지 닥샤가 시바를 모욕하는 것에 분노한 사띠가 희생제의 불꽃으로 뛰어들어 다시 샥티로 돌아가게 된다. 사띠가 불에 뛰어 드는 이 장면으로 인해 사티 풍습이 시작되었다는 설도 있다.

시바의 부인 중에는 헌신과 자애를 상징하는 파르바티가 가장 널리 알려져 있으며, 독립적인 여신인 두르가와 깔리도 때론 시바와 관련해 설명되기도 한다.

○ 파르바티

시바의 외형은 독이 든 뱀을 삼켜 피부가 파랗게 변한 데다 목에 뱀을 감고 손에는 삼지창을 들고 있는 모습으로 표현된다. 시바의 또 다른 화신 중 하나는 춤의 왕 '나따라자'다. 일반적으로 우리가 '춤추는 시바'라고 알고 있는, 네 개의 팔과 두 개의 다리로 거대한 둥근 불꽃 한가운데서 역동적으로 춤을 추고 있는 모습이다.

#가네샤

가네샤는 시바와 파르바티 사이에서 태어난 아들로, 어머니 파르바티의 목욕탕 앞을 지키다가 시바의 노여움을 사서 목이 잘린다. 뒤늦게 파르바티의 분노에 당황한 시바는 가장 처음 만난 생명체의 머리를 잘라 붙였는데 그게 바로 코끼리였다.

○ 가네샤

가네샤는 도끼를 들고 쥐를 타고 다니는 재미난 형상으로 묘사되는데, 가장 무거운 동물인 코끼리가 가장 작은 동물인 쥐를 타고 다니는 모습의 굉장히 해학적인 신이기도 하다.

가네샤가 들고 있는 도끼는 장애물을 제거해주는 역할을 하기 때문에 장사꾼이나 택시 운전사들이 모시는 신으로 유명하다. 귀여운 이미지 때문에 인도에선 어린이용 실사 합성 애니메이션 드라마로 〈가네샤는 내 친구〉라는 시리즈가 큰 인기를 끌기도 했다.

#하누만

하누만은 가네샤와 더불어 인도인들에게 가장 사랑받는 원숭이 형상의 신이다. 《라마야나》 신화에서 람이 어려움에 처할 때마다 가장 헌신적이고 충직하게 봉사한다. 그래서 하누만은 신에 대한 헌신적인 사랑, 이기심 없는 희생적 봉사, 신의의 상징으로 강인한 힘과 민첩함을 지녔다. 그래서일까? 운동하

○ 하누만

는 사람들에게 특히 인기 많은 신이다.

《라마야나》에서 라반을 물리칠 때 가장 중심적인 역할을 하는 하누만은 악을 퇴치하고 악으로부터 보호해주는 존재로 건

강과 성공을 위해 숭배하는 신이다. 델리에 있는 거대한 하누만 상은 델리의 상징이면서 이런 바람을 잘 보여주는 신상이기도 하다.

하누만은 《라마야나》에서 바람 신의 아들로 나오지만 어떤 신화에서는 시바의 아들로 묘사되기도 한다.

힌두교
3대 축제

인도는 많은 신을 모시는 나라답게 지역마다 시기에 따라 다양한 축제가 벌어진다. 축제는 그 지역의 신앙에 기초한 것이라 모시는 신에 따라 성격이 달라지는데, 이번 장에선 볼리우드에서 자주 다루는 힌두교의 3대 축제인 홀리, 디왈리, 두세라 축제와 이슬람 최대의 이드 축제에 대해 알아보자.

#홀리Holi

봄의 축제이자 색의 축제인 홀리는 우리가 사용하는 그레고리력과 정확하게 일치하진 않지만, 힌두력의 마지막 달 보름날을 기준으로 사흘 동안 열린다. 대략 3월쯤이라고 보면 된다.

2023년에는 3월 8일, 2024년에는 3월 25일이 홀리 축제 시작일이었다.

축제가 열리는 사흘 동안은 카스트와 무관하게 모두가 참가할 수 있다. 지나가는 누구에게나 색을 칠하며 자유롭게 즐기는 축제로 유명하다. 물과 물감이 들어 있는 풍선이나 색 가루인 '아비르Abir'를 사용해 상대방에게 색칠을 하는데, 곳곳에서 춤과 노래가 함께 어우러진다. 축제 기간에는 여성의 과감한 행동이 용인되며, 마지막인 보름날 저녁에는 친구나 친척 또는 이웃을 만나 해묵은 감정을 털어내고 서로 화해하기도 한다.

인도 영화 속에서 홀리 축제는 색의 화려함 때문에 자주 등장하는데, 홀리 축제 자체는 물론 아비르를 이용해 홀리 축제와

○ 인도의 홀리 축제 / 출처: 게티이미지

시네마 인도

유사한 화려한 장면을 연출하기도 한다.

홀리 축제의 기원에 대해서는 여러 가지 설이 존재한다. 비슈누에게 헌신적인 프랄라다가 비슈누의 보호를 받아 악마 홀리카를 죽게 한 일을 기념하는 것이라고도 하고, 또 다른 비슈누의 화신인 크리슈나가 그의 연인 라다와 얼굴에 색을 칠하며 놀았던 데서 시작되었다는 설도 있다. 그 외에도 몇 가지 설이 더 있지만, 지금은 춤과 노래와 색이 어우러진 축제라는 측면이 더 강조되어 전 세계인에게 즐거움을 주고 있다.

우리나라에서도 2010년부터 최근까지 경남일대에서 한국에 거주하는 인도인을 중심으로 홀리 축제가 열리고 있다.

#디왈리Diwali

홀리가 색의 축제라면 디왈리는 빛의 축제다. 힌두력 여덟 번째 달 초승달이 뜨는 날을 중심으로 5일 동안 인도 전역에서 펼쳐지는 축제로 펼쳐진다. 《라마야나》의 영웅 람이 14년간의 추방을 끝내고 라반에게 승리한 후 아요디야로 돌아온 것을 축하하는 의식이다.

전통적인 점토 등불 '다이스'의 깜빡이는 불빛이 밤새 집을 밝히고, 밤하늘에는 불꽃놀이가 수를 놓는다. 부와 번영의 여신 락슈미를 경배하는 의식을 위해 집을 깨끗이 단장하고, 여신을 맞이하기 위해 랑골리_{Rangoli}라고 하는 정교한 쌀가루 무늬로 입구를 장식한다. 친구와 친척끼리 서로 선물과 과자를 교환하면서 마음을 나누는 우리의 추석과 비슷한 분위기다.

힌두교도뿐만 아니라 자이나교도, 시크교도, 불교도 모두가 중요한 날로 여기는 축제이며 닷새간의 축제에는 각각의 명칭이 있다.

○ 인도의 디왈리 축제 / 출처: 게티이미지

첫째 날인 단테라스_{Dhanteras}에는 락슈미를 영접하기 위하여 집 안팎의 바닥에 화려한 전통 문양의 랑골리를 그려 장식하고 곳곳에 등을 밝힌다. 이날은 상인들에게는 부를 의미하는 행사로서 특히 중요하며, 여성들은 부와 번영을 기원하며 금

시네마 인도

은 또는 스틸 같은 반짝이는 그릇이나 물건을 새로 장만한다.

둘째 날인 나락 차투르다시_Narak Chaturdasi_는 '작은 디왈리'라는 의미의 초티 디왈리_Choti Diwali_라고도 부른다. 이날은 셋째 날을 준비하며, 저녁에는 락슈미와 라마 신을 위한 의식을 치른다.

셋째 날인 디왈리는 축제의 하이라이트에 해당하는 날로, 락슈미 푸자_Lakshmi Puja_라고도 한다. 사람들은 락슈미 여신이 가장 깨끗한 집에 먼저 들른다는 믿음에 따라 집 안 구석구석을 깨끗이 청소하고 머리와 몸에 기름을 발라 몸을 정결히 하며, 가족과 친지가 모여 선물을 교환한다. 또한 온갖 종류의 폭죽을 터뜨리고 불꽃놀이를 즐기는데, 폭죽 소리는 악한 기운을 쫓고 지상의 사람들이 즐겁게 살고 있음을 신들에게 알리는 의미를 담고 있다. 한편 북인도에서는 신이 도박하는 인간들의 한 해 운명을 결정하는 날이라고 여겨 큰 규모의 도박판이 벌어지기도 한다.

넷째 날인 파드와_Padwa_또는 파다바_Padava_에는 부부 간에 사랑과 헌신을 표하고, 새로 시집간 딸과 사위를 초대해 귀한 음식과 선물로 축복한다. 또한 이날은 힌두력의 새해 첫날로, 사람들은 이때 시작하는 일에는 행운이 따른다고 믿는다.

마지막 날인 바이 두즈_Bhai Duj_는 남매를 위한 날로, 여성은 자신의 남자 형제를 집으로 초대해 특별한 음식을 대접하고 남성은 선물로 답례하며 서로의 평안을 빌고 우애를 다진다.

ㅇ [네이버 지식백과] 디왈리_Diwali_ (두산백과)에서 발췌

#두세라_Dussehra_

두세라는 디왈리에 앞서 힌두력 일곱 번째 달에 인도 전역에서 열리는 축제다. 이 축제의 기원은 《라마야나》의 주인공 람이 라바나와 싸워 승리한 것을 기념하기 위해 생겼다. 동북부 벵골 지역에선 여신 두르가가 악마 마히사수라를 물리친 것을 기념하는 날로, 두르가 여신에게 제를 올리는 두르가 푸자가 열린다. 지역마다 차이가 있긴 하지만 기본적으로 힌두교의 신으로 상징되는 선善이 악惡을 물리친 것을 기념하는 날이라는 공통점이 있다.

두세라는 약 열흘 동안 이어지며, 축제 마지막 날인 힌두력 아슈비나 달 10일은 국가 공휴일로 정해져 있다. 마지막 날에는 거의 모든 지역에서 라바나나 마히사수라 등 악을 상징하는 인

형을 불태우는 것으로 축제의 막을 내린다.

○ 두르가 여신 / 출처: 게티이미지

시기적으로 추수를 하는 시기인 데다 두세라 축제 20일 후에는 인도의 3대 축제이자 '빛의 축제'인 디왈리 축제가 열리기 때문에 가족과 친지들이 모여 즐기는 명절처럼 인식되고 있다.

두세라의 다른 이름은 비쟈다샤마인데, '승리의 10일'이라는 뜻이다. 경전이자 서사시인 《라마야나》에 의하면 라반에게 납치된 시타를 구하기 위해 람과 하누만의 군대가 랑카에 도착한 10일째 되는 날에 10개의 얼굴을 한 라반을 이겼다고 해서

10이라는 숫자를 강조하는 것이다.

축제의 주요 행사로는 힌두교식 제사인 야즈나_{Yajna}와 《라마야나》를 연극으로 옮긴 〈람릴라_{Ramlila}〉 공연, 그리고 물건을 사원에 봉납하고 축성을 받는 아유다 푸자_{Ayudha Puja}가 있다.

야즈나는 힌두교 성직자가 거행하는 일종의 제사로, 주술적인 의미가 담긴 진언 만트라를 외우며 불을 지피고 예배를 드리며 찬양하고 공물을 봉납하는 종교의식이다. 푸자_{Puja}도 신상에 직접 공물을 바치고 제사를 지내는데, 야즈나의 경우 신성한 불 아그니_{Agni}를 매개체로 공물을 태워 신에게 바친다는 차이가 있다. 두세라 축제 기간 동안에는 인도 전역에서 다양한 신에게 바치는 야즈나 행사가 펼쳐진다.

축제의 백미 중 하나인 〈람릴라〉는 '라마의 연극'이라는 의미로, 서사시 《라마야나》의 내용을 토대로 만든 연극을 통틀어 부르는 말이다. 〈람릴라〉는 2005년 유네스코 인류무형유산으로 지정되었다.

〈람릴라〉는 계층과 지역을 망라해 큰 인기를 얻고 있다. 학생, 지역의 아마추어 극단, 〈람릴라〉 전문 극단까지 다양한 사람들이 공연을 한다. 두세라 축제 기간에는 지역 주민들이 자발적으로 의상을 만들고 무대를 꾸미기도 한다. 특히 축제 기간에는 작은 시골은 물론 해외의 인도인 커뮤니티에서도 〈람릴라〉를 만날 수 있다.

시네마 인도

○ 〈람릴라〉 공연

영화 〈스와네스Swades, 2004〉에서는 치런푸크리는 인도의 어느 작은 마을로 찾아가 사람들을 계몽하기 위해 애쓰는 나사의 엔지니어가 주인공으로 등장하는데, 전기도 제대로 들어오지 않는 가난하고 작은 이 마을에서 두세라 축제를 맞아 성대한 〈람릴라〉 공연을 펼치는 장면이 나온다.

인도 영화에서는 두세라 축제를 표현하기 위해 〈람릴라〉 공연을 자주 묘사하는데, 〈델리 6Delhi-6, 2009〉에서는 열흘간 펼쳐지는 〈람릴라〉 공연과 현실의 상황을 적절하게 대비시켜 현실의 델리가 《라마야나》의 랑카와 다르지 않음을 은유적으로 보여준다.

○ 〈람릴라〉 공연에서 라바나를 불태우는 〈스와데스Swades, 2004〉의 한 장면

아유다 푸자는 사원에 물건을 가져가 축성을 받는 힌두교 예식이다. 두세라 축제가 끝나면 계절이 바뀌고 학교와 회사 또한 새로운 분위기를 맞이한다. 이때 힌두교인은 새로 마련한 책, 농기구, 차, 최근에는 컴퓨터와 무기 등 다양한 물건을 사원에 봉납하고 축성을 받은 후 다음 날 다시 집으로 가져온다.

지역마다 약간씩 다르기는 하지만 두세라 9일째에 행하는 것이 일반적이다. 이 의식은 《마하바라타》에서 판다바스 왕자들이 추방당해 있던 동안 무기를 감추었다가 고향으로 돌아갈 때 그걸 꺼내 자신들의 정체를 밝혔다는 이야기에서 비롯되었다는 설이 있다.

시네마 인도

역사적 사실은 영화 제작자에게
언제나 흥미로운 소재를 제공한다.
특히나 많은 침략과 부침이 있었던 인도의 경우
이야깃거리가 무척 풍부하다.
하지만 여기서는 영화에서 자주 인용하거나
소재로 활용되곤 하는 역사적 인물과
시대(사건)를 중심으로 중요한
내용을 간단하게 정리해보았다.

PART 5

영화에서 자주 다루는
인도의 주요 역사

아소카 대왕의
굽타왕조

굽타왕조가 등장해 인도를 통일하기 전까지 인도는 부족국가
체계였다. 기원전 4세기의 인도는 마케도니아의 알렉산드로스
대왕이 이끄는 강력한 그리스군에 맞설 힘이 없었다. 그래서 알
렉산드로스는 서인도 일부를 식민지로 만든 후 북인도 여러 지
역을 어려움 없이 점령해나갔다. 하지만 미지의 땅에 대한 공포
와 코끼리 부대에 대한 두려움이 결국 그의 군대를 멈추게 했다.

이후 인도는 군소 국가들이 끊임없이 서로 싸우며 통합과 분
열을 반복하다가 서기 7세기 마우리아왕조의 아소카 대왕 때에
이르러 최초의 통일 국가를 이루었다. 아소카 대왕은 통일 왕국
의 건설과 함께 불교를 국교로 하는 사상적 통일도 이루는 업적

을 남겼다. 아소카가 불교를 선택한 것에는 여러 가지 이유가 있겠으나 기존의 브라만교가 계급 기반이라 통일된 사상을 유지하기 어렵다고 판단한 데다 마우리아왕조 자체가 상위 카스트 출신이 아니라는 상황이 큰 영향을 준 것으로 보인다.

아소카 즉위 8년에 추진된 칼링가 정복은 수십만 명이 죽을 정도로 크나큰 희생을 치른 마지막 통일 전쟁이었다. 이 전쟁을 끝으로 인도 대륙 통일을 완성한 아소카는 칼링가 정복의 참상을 참회하며 불교에 귀의한다.

〈아소카Asoka, 2001〉

영화는 아소카 대왕의 어린 시절부터 불교에 귀의할 때까지의 일대기를 담고 있다. 아소카는 권력에 대한 견제로 힘든 날들을 버티면서 그를 방해하는 수많은 위기를 극복한 후 마침내 정복 전쟁을 통해 칼링가를 무너뜨리고 왕위에 오른다.

하지만 그는 칼링가에서 과거 파완이라는 이름으로 만나 사랑을 나눴던 카르와스키 공주와 재회하고, 자신이 곤경에 처했을 때 친구가 되어준 칼링가의 어린 왕까지 모두 죽여야 했던 정복 전쟁의 참상을 견디지 못해 결국 불교에 귀의한다.

'아소카'라는 역사적 인물을 다루고 있지만, 역사적 사실보다는 왕위 쟁탈이라는 흥미로운 전개와 액션 중심의 사극이다. 지금은 유명 배우가 된 카리나 카푸르의 데뷔 시절 풋풋한 모습을 볼 수 있는 재미있는 영화다.

이슬람의 침략과 지배
-무굴왕국

마우리아왕조가 무너진 후 여러 브라만 왕조가 들어섰으나 딱히 인도 대륙을 호령할 만한 강자가 없는 소왕국 체제가 유지되었다. 그러다 1500년대 초반 몽고의 후예인 바부르가 아프가니스탄을 거쳐 인도로 들어오면서 새로운 무굴왕국을 수립했다. 바부르는 빠르게 인도 전역을 흡수하며 무굴왕국의 영토를 넓혀갔다.

바부르는 원래 사마르칸트를 정복하려 했던 중앙아시아 출신으로 그 꿈을 포기하고 인도에 안착했지만, 재위 기간은 고작 4년밖에 되지 않는다. 이어 왕위에 오른 후마윤은 그리 유능한 편이 아니었다. 아프가니스탄의 반란으로 재위 기간 내내 도망만 다니다가 페르시아의 도움으로 왕위를 되찾지만, 곧바로 사고를 당해 죽고 만다. 뒤를 이어 그의 아들 악바르_{Akbar}가 열세 살에 왕위에 올랐다.

악바르는 오랜 유랑생활로 인해 교육을 제대로 받지 못한 문맹자였지만 문화와 예술을 융성시켜 무굴 최고의 전성기를 이뤄낸 유능한 왕이었다. 통화를 유통시켜 왕국의 통일된 경제 기초를 만들었으며, 이슬람 왕조가 정복한 지역의 이교도에게 부과하던 인두세를 폐지하고, 종교와 상관없이 인재를 등용하는 탕평책을 펼치는 등 모든 면에서 추앙받는 왕이 되었다.

악바르부터 자한기르, 샤자한, 아우랑제브까지를 무굴왕조 최고의 전성기로 보고 있다. 아우랑제브는 남이 있던 힌두 세력을 복속하기 위해 끊임없이 전쟁을 치른 정복왕으로 기록되어 있다. 샤자한은 왕비 뭄타즈 마할을 너무나도 사랑한 나머지 그녀의 죽음을 기리는 타지마할을 지은 낭만적 사랑의 주인공으로도 유명하지만, 수많은 정복 전쟁을 승리로 이끈 강력한 왕이기도 했다.

그러나 아내인 뭄타즈 마할이 죽고 자신도 병에 걸리자 왕자들끼리 왕위 계승 전쟁이 벌어졌다. 아우랑제브는 다른 형제들을 죽이고 황제의 자리를 차지한 후 아버지 샤자한을 아그라 성에 유폐시키는데, 샤자한은 9년간 타지마할만 쳐다보다가 생을 마친다.

형제의 난을 통해 황제 자리에 오른 아우랑제브는 탕평 정책
을 모두 포기하고 곳곳의 힌두 사원을 파괴하며 신성한 소를 살
육한 것으로 유명하다.

〈**조다 악바르**Jodhaa Akbar, 2008〉

무굴왕국의 악바르 대제가 펼친 종교 간 탕평책이자 화합의
상징이었던 힌두교 왕비 조다와 악바르 대왕에 관한 이야기로,
왕비가 된 조다와 악바르가 서로에게 사랑과 연민을 갖게 되는
로맨스 사극이다.

조다는 라자스탄 힌두 왕국의 공주로 어려서부터 무술에 능

한 왈가닥이다. 왕인 아버지의 결정에 따라 어쩔 수 없이 이슬람 왕국의 왕비로 시집을 가게 되는데, 그렇게 만난 배우자가 바로 무굴왕국의 악바르 왕이다. 악바르 왕은 조다가 힌두 전통을 따르기 위해 요구하는 것은 무엇이든 다 해준다.

아이쉬와라 라이와 리틱 로샨이 연기한 영화 속 조다와 악바르는 역사적 사실을 떠나 왕궁이라는 장소가 주는 화려함과 더불어 서로를 이해하고 다가가는 연애의 정석을 보여준다. 또한 아름다운 사랑의 장면과 함께 다정다감하고 배려심 많은 멋진 남자의 모습도 만날 수 있다.

시네마 인도

세포이 항쟁과 간디, 영국 식민지 시대

아우랑제브가 지배하던 시기부터 무굴왕국은 쇠락기에 접어들어 왕국의 영토가 축소되기 시작한다. 영국을 비롯한 서구 열강들은 무굴왕국의 눈치를 보며 인도 외곽부터 조금씩 식민지화를 추진한다. 이런 상황에서 그 주도권을 두고 영국과 프랑스가 인도에서 전쟁을 벌이기도 한다.

고아를 중심으로 서인도에서 식민지화를 시작한 포르투갈과의 마찰을 피하기 위해 영국은 벵골 지역을 중심으로 동인도회사를 설립해 인도에 대한 지배권을 확장한다. 1757년 프랑스와의 주도권 다툼에서 승리한 후에는 대륙 전체에 대한 정복 야욕을 드러낸다. 영국은 초기엔 물리적 한계로 인해 토후들의 자치권을 인정하는 형태로 식민지 정책을 펼쳤는데, 무굴왕국 역시 하나의 토후국처럼 명맥만 유지하고 있었다.

#1차_독립_전쟁(세포이 항쟁)

과거 영국의 관점에서 '세포이 반란'이라고 배웠던 세포이 항쟁을 최근 인도에서는 1차 독립전쟁이라고 부른다. 그만큼 식민지 시대의 중요한 사건으로 인식하고 있다는 뜻이다.

'세포이'는 페르시아어로 '용병'을 뜻하며, 영국 동인도회사에서 고용한 인도인 용병을 일컫는다. 세포이는 당시 인도를 지배하고 있던 영국군의 주요 전력이었으며, 대부분 힌두교도나 이슬람교도들이었는데 벵골 출신 힌두교들은 상대적으로 상위 카스트인 경우가 많았다. 이런 배경 때문에 세포이들은 영국군의 규정과 카스트 규정이 충돌할 경우, 카스트의 규정을 앞세우거나 인도 땅을 벗어나면 카스트를 상실한다는 이유로 해외 출정을 거부하기도 했다.

영국군 입장에서는 세포이를 관리하는 데 어려움이 많았지만 어쩔 수 없이 사안에 따라 세포이의 입장을 배려하거나 해외 파병 규정 등을 강제하기도 했다. 그러나 인도 문화를 제대로 이해하지 못한 영국군의 여러 가지 행동으로 인해 세포이의 불만은 점차 쌓여갔다. 특히 영국군이 여성을 남편과 함께 불에 태우는 사티를 금지하고 과부의 재혼을 허락하자 인도인들이 인도 전통을 무시하는 처사라며 강하게 반발했다.

이러던 중 1857년 역사에 익히 알려진 바와 같이 새로 도입된 엔필드 소총이 문제가 되었다. 영국군은 엔필드 소총을 빠르게 장전하기 위해 세포이에게 개별적인 탄약통을 지급했는데, 이 탄약통은 끝을 입으로 비틀어야만 열 수 있었다.

어느 날 탄약통 보급 창고에 근무하던 한 불가촉천민 병사가 상위 카스트 출신 세포이에게 물을 한 모금 달라고 하자, 그는 자신이 오염될까 봐 불가촉천민에게 물을 줄 수 없다고 했다. 그러자 이 병기 창고 병사가 이렇게 말한 것으로 전해진다. "탄약통 뚜껑에는 소기름이 발려져 있어서 보는 세포이가 이미 오염되었는데 뭘 그러십니까?"

영화 〈망갈 판데이Mangal Pandey: The Rising, 2005〉에서 묘사했듯이 말은 삽시간에 세포이들 사이에 퍼졌고, 급기야는 탄약통에 소기름과 돼지기름이 발라져 있다는 말로 확대되었다. 훗날 폭동이 진압된 이후 조사에서 소기름이 발라진 게 사실로 확인되었다고 하니 불가촉천민 병사의 말이 거짓은 아니었던 셈이다.

실존 인물인 망갈 판데이는 항쟁 촉발 사건의 주동자로 1857년 당시 벵골 34연대의 세포이였는데, 탄약통 수령을 거부하는 자신을 체포하려는 부관에게 총을 쏜다. 연대장은 사관에게 판데이를 체포하라고 다시 지시하지만, 인도인이었던 사관

이 이를 거부하면서 조직적인 항명 사태가 벌어진다.

망갈 판데이는 항쟁을 촉구하며 자신의 뺨에 총을 쏘지만 죽지 않고 체포되어 사형 선고를 받는다. 그리고 항명에 가담한 세포이들은 해체되어 훗날 세포이 항쟁이 본격적으로 진행될 때 민병대로 참전한다.

세포이 항쟁이 인도 전역에 걸쳐 광범위한 계층이 참여한 독립 전쟁의 성격을 띠었던 것은 분명하다. 하지만 아직 인도를 하나의 민족, 하나의 나라로 인식하는 의식이 뚜렷하지 않았던 시기라 델리를 점령한 세포이들은 무굴왕국의 마지막 황제였던 바하두루샤 2세를 옹립해 그들의 구심점으로 삼으려 한다. 이 결정은 훗날 세포이들의 운신의 폭을 제한하는 요소로 작용한다.

항쟁 초기 워낙 광범위한 지역에서 소요가 발생한 탓에 영국군은 뚜렷한 전과를 올리지 못하다가 1858년 러크나우 탈환을 시작으로 승기를 잡으며 그해 5월에 북인도 대부분 지역을 장악했고, 바하두루샤 2세는 버마 랑군으로 추방되어 그곳에서 생을 마쳤다.

세포이 항쟁 이후 영국은 동인도회사의 간접 지배를 버리고 빅토리아 여왕이 인도 황제를 겸임하는 직접 통치 방식으로 전환했다.

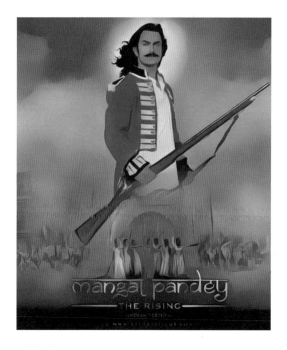

〈망갈 판데이 Mangal Pandey: The Rising, **2005〉**

벵골의 브라만이자 용맹한 영국군 세포이인 망갈 판데이. 그는 백인 장교들과 사이가 좋은 편이지만 인도인에 대한 차별을 자주 목격하면서 세포이의 정체성에 대해 고민하게 된다.

그러던 어느 날 길에서 만난 불가촉천민으로부터 탄약통에 소기름과 돼지기름이 발라져 있다는 말을 듣고 영국군 장교에게 사실 확인을 요청한다. 영국군 장교는 절대 그럴 일이 없다며 부인한다.

이후 탄약통을 운반하던 수레에서 떨어진 탄약통에 개들이 달려들자 사람들은 동물 기름을 사용하지 않는다는 말에 의구심을 품고, 세포이들은 연대의 사격 연습장에서 탄약통 수령을 거부한다. 하지만 보급 장교 고든이 그 소문은 사실이 아니라고 주장하고, 망갈 판데이는 자신이 신뢰하는 그 장교의 말을 믿는다. 그리고 앞장서서 탄약통을 수령한 후 직접 입으로 뜯어 사격 연습에 임한다.

고든에 대한 두터운 믿음이 있었기에 다른 세포이들의 말을 무시하고 영국군에 충성해 온 망갈 판데이는 어느 날 고든과 함께 사티 상황에 처한 여자를 구한다. 뒤이어 마을의 족장이 찾아와 자신들의 명예를 지켜달라고 요청하지만, 망갈 판데이는 자신은 영국군 소속이라며 거절한다. 이후 그는 영국군의 명령에 따라 힘없는 민중을 학살하는 현장에도 함께하는 등 여러 사건을 겪는다.

그러던 중 불가촉천민으로부터 소기름으로 인해 이미 카스트를 잃었다는 조롱을 받고, 결국 캘커타의 공장에서 소기름으로 탄약통을 칠하는 걸 직접 목격한다.

이를 전해 들은 고든 대령은 세포이의 입장을 고려해 탄약통을 수거할 것을 제안하지만, 연대장은 오히려 세포이의 충성심을 시험하려고 멀리 행군을 나간 뒤 강제로 탄약통을 수령하게끔 명령한다. 이에 망갈 판데이가 항명에 앞장서고, 세포이들은 무기고를 털어 무장을 하는 등 본격적인 항쟁을 준비한다. 하지만 일부 계획이 영국군에게 알려져 승리를 자신할 수 없는 상황이 되었고, 그럼에도 망갈 판데이는 싸움을 선택한다.

영화는 세포이 항쟁이 벌어지기 전 영국군의 인도 문화에 대한 몰이해와, 지배자·피지배자 관계에서 파생되는 다양한 불만과 갈등을 꼼꼼이 그려냈다. 주인공 망갈 판데이는 실제 인물에 비해 많이 과장된 데다 인도 입장에서 만든 영화라는 한계가 있지만, 당시 영국과 인도 사이의 인식 차이를 들여다볼 수 있는 창구를 제공한다.

#간디+바가트_싱

인도 독립의 영웅을 꼽자면 마하트마 간디를 우선 떠올리지만, 일제강점기의 우리나라에서 그러했듯이 인도에도 수많은 독립 운동가들이 있었다. 식민지 시대의 여느 나라들처럼 인도 또한 사회주의 세력과 민족주의 세력이 때론 협력하고 때론 분열하면서 독립 운동을 추진했다.

세포이 항쟁 이후로도 인도는 오랫동안 영국의 지배를 받았는데, 역설적으로 이 시기에 영어를 배우고 영국으로 유학을 가는 인도인이 늘어나면서 새로운 지식인 계층이 생겨났다. 그리고 조국의 현실을 자각한 이들을 중심으로 1885년 12월 28일 뭄바이의 고쿨다스 테즈팔 산스크리트 대학에서 인도인을 대표하는 국민회의가 창립되었다.

이후 1900년대 들어 영국의 경제적 수탈에 대한 항의와 인권적 요구가 표출되기 시작했고, 남아프리카공화국에서 인도인을 위해 일하던 변호사 간디가 귀국해 국민회의에 합류하게 된다. 지식인층을 중심으로 펼쳐지던 엘리트 운동 단체였던 국민회의는 이때부터 민중 조직으로 거듭나면서 인도 독립의 구심점 역할을 했다.

1918년 제1차 세계대전이 끝난 후 5인 이상 집회 금지 같은 규정을 두는 등 인도에 대한 영국의 지배는 더욱 강화되었다. 그리고 마침내 1919년 영국 제국주의의 잔혹성을 그대로 보여준 '암리차르 잘리안왈라바그의 학살'이 벌어졌다.

이 학살 사건은 인도 독립 운동사를 이야기할 때 항상 등장한다. 1919년 4월 13일 암리차르 잘리안왈라바그에서 간디의 방식을 따라 비무장 평화 시위를 벌이던 군중에게 영국군이 광장의 단 하나뿐인 출구를 막고 무차별 사격을 가했다. 당시 총탄을 피하려다 많은 사람이 빠져 죽은 우물은 아직까지도 학살의 상징으로 남아 있다.

할리우드 영화 〈간디Gandhi, 1989〉에도 잘 묘사되어 있는데 1,600발의 총탄으로 무려 1,500명 이상을 죽인 희대의 학살 사건이었다. 이 사건 이후 인도의 많은 지식인이 본격적으로 독립 운동에 뛰어들고, 테러는 무장 투쟁으로 노선을 바꾸었다. 간디 또한 금식 기도를 통해 이 사건에 항의했다.

인도인들의 저항은 더욱 격렬해졌고, 간디는 영국이 직접 운영하는 소금 생산에 뛰어들어 식민지 정부를 자극하기 시작했다. 바가트 싱 같은 적극적인 독립 운동가들은 영국 장교를 살해하는 등 직접적인 테러를 통해 식민지 정부에 대항했다. 간디와 바가트 싱은 이처럼 서로 다른 방식으로 인도 독립 운동의 상징적 존재가 되었다.

〈랑 데 바산티 Rang De Basanti**, 2006〉**

한국 사람이라면 우리나라의 독립 운동가 안중근 의사가 여순 감옥에 수감되었을 때 그에게 감복한 일본인 교도관 이야기를 들어본 적이 있을 것이다. 이 영화는 바가트 싱과 그 친구들의 정신에 감복한 어느 영국인 장교의 일기로 시작한다.

그 장교의 손녀인 수는 할아버지의 일기장에서 만난 인도의 독립투사 찬드라세커 아자드, 바가트 싱, 람프라사드 비스밀, 아쉬파쿨라 칸, 라즈구루, 두르가와티 데비의 이야기를 다큐멘터리로 만들기 위해 인도로 온다. 다큐멘터리 영화의 대역을 찾기 위해 오디션을 진행하던 중 수는 별다른 목표 없이 인생을 소비하며 지내는 달짓과 그의 친구들을 만나고, 그들을 독립투사 대역으로 캐스팅한다.

여기에 람프라사드 역할을 맡고 싶어 하는 열혈 애국자인 락슈만이 합류하면서 무슬림과 이슬람의 종교적 갈등이 생겨난다. 하지만 영화 제작이 진행될수록 달짓과 그의 친구들은 독립의 열망을 불태웠던 식민지 시대 젊은이들의 강한 의지에 감복해 자신들이 살아가고 있는 인도라는 나라에 대해 진지한 고민을 하게 된다.

그러던 중 군인이었던 아버지 뒤를 이어 공군 조종사가 되기를 원했던 달짓의 친구 아제이가 소니아와의 결혼 약속 후 공군 조종사로 임관한다. 그러나 아제이가 조종하던 미그기에 문제가 발생하고, 비행기가 민간인 지역에 추락하는 것을 막기 위해 끝까지 조종간을 놓지 않은 아제이는 결국 사망하고 만다. 하지만 부정부패로 찌든 정부는 오랫동안 미그기에 문제가 있다는 걸 알고 있었음에도 불구하고 누구보다 뛰어났던 아제이를 조종 미숙으로 비행기를 추락시킨 불명예 군인으로 몰아간다.

이에 달깃과 그의 친구들은 델리의 인도문India Gate 앞에 모여 촛불을 밝히며 항의 집회를 열지만, 정부는 극우 단체와 경찰을 동원해 이들을 짓밟아버린다. 게다가 아제이의 어머니가 구타로 인한 충격으로 중환자실에 입원하자 달깃과 그의 친구들은 통제할 수 없는 분노를 느끼며 현실에서도 바가트 싱과 같은 용기가 필요하다고 깨닫는다.

고심 끝에 이들은 비리의 주범으로 지목된 국방장관을 아침 조깅 중에 살해한다. 이로써 정부가 스스로 잘못을 자각하고 변화하기를 기대했으나, 오히려 국방장관은 테러에 희생된 영웅이 되고, 달깃과 친구들은 외부 세력의 협력을 받은 테러리스트로 전락한다.

결국, 그들은 현실의 잘못에 대해 아무도 거론하지 않는 상황에 좌절하며 바가트 싱에게 배운 '자수를 통한 투쟁'을 기획한다. 그리고 평소 친분이 있던 지인의 도움으로 라디오 방송을 점거한 후, 자신들에겐 배후가 없으며 국방장관의 비리와 아제이의 명예를 위해 이곳에 온 것이라고 밝힌다. 하지만 정부는 이들과 단 한번의 대화 시도도 하지 않고 무조건 사살해버린다.

이 영화는 인도에서 실제로 벌어진 미그기 추락 사건과 바가트 싱이라는 독립 영웅을 연결지어 지금의 인도에서도 식민지 시대 때와 같이 싸워서 자유와 정의를 쟁취해야 한다는 점을 분명히 하고 있다.

영화는 가벼운 젊은이들을 무겁게 변화시키는 강한 사회적 메시지를 담고 있지만, 흥행에 성공하면서 인도 사회에 많은 반향을 일으켰다. 또 다른 영화 〈노 원 킬드 제시카No One Killed Jessica, 2011〉에서도 〈랑 데 바산티Rang De Basanti, 2006〉를 보고 실제로 사람들이 인도문 앞에 모여 촛불 시위를 하는 장면이 나온다.

〈노 원 킬드 제시카No One Killed Jessica, 2011〉는 클럽의 바에서 일하던 제시카가 부당한 요구에 항의하다 억울한 죽임을 당했으나 가해자가 권력과 돈으로 증인과 증서를 조작해 무죄 판결을 받았던 실화를 다룬 영화다. 아미르 칸이 주연을 맡은〈랑 데 바산티Rang De Basanti, 2006〉는 여러모로 인도 사회에 큰 영향을 준 작품이다.

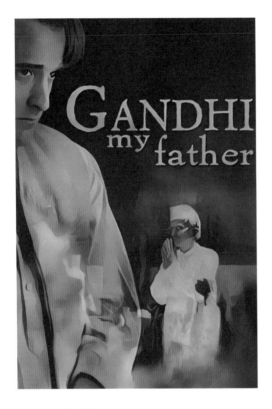

〈**간디, 나의 아버지**Gandhi, My Father, 2007〉

우리가 알고 있는 마하트마 간디는 인도에서 바부 또는 바비지(아버지)라고도 불린다. 만인의 아버지 간디이지만 자식 농사는 성공적이지 못했다. 특히, 제일 큰아들(하릴랄 간디, 영화에서는 하리)은 사고뭉치에 아버지 이름을 팔아 사기 행각까지 벌였다. 급기야는 간디가 자신이 운영하는 신문에 공개적으로 자신의 이름을 팔고 다니는 아들을 조심하라고 기재할 정도였다.

이 영화는 간디가 남아공에서 정착촌을 만들어 생활하던 시기부터 보여준다. 큰아들 하리를 인도로 보내 정혼 상대와 결혼을 시키지만, 하리는 쉽게 마음을 잡지 못한다.

마하트마('위대한 영혼'이라는 뜻) 간디의 친아들이라는 중압감 때문에 자신도 뭔가 큰일을 해보려고 시도하지만, 하리는 그런 능력을 물려받지 못한 평범한 사람이었기에 과도한 욕심으로 인해 끊임없이 좌절과 실패를 맛본다.

아버지 간디는 물레로 옷감을 생산해 입자고 하는데, 아들 하리는 외국신 옷감을 사서 쓰게 근도을 빌려고 한다. 아버지에 대한 그의 부정否定과 부족함을 잘 보여주는 장면이다. 결국, 수많은 실패 끝에 조용히 살아가려 하지만 아내와 아이의 죽음은 그를 더 깊은 나락으로 떨어트린다.

영화는 남아공에서 간디와 그의 맏아들 하리의 불편한 애증 관계를 민낯처럼 드러내고 있다. 하리는 간디가 1948년 1월 30일 살해되고 몇 달 후인 1948년 6월 뭄바이에서 행려병자로 죽었다.

영화는 간디의 자서전과 기타 역사적 사실을 충분히 검증해 만들었을 것이다. 하지만 간디와 아들의 대화 중 상당 부분은 작가의 창작일 수밖에 없다. 따라서 진정한 간디의 생각은 알 수 없으나, 아버지로서 그가 선택한 것들에 대해서는 어느 정도 이해할 수 있다는 생각이 든다. 아울러 인도인 모두로부터 존경받는 위대한 아버지를 둔 아들로서 하리가 가졌던 고뇌 또한 잘 느낄 수 있는 영화다.

그리스 로마 시대에 일리아드와 오딧세이가 있었다면
인도에는 《라마야나Ramayana》와 《마하바라타Mahabharata》가
있다. 인도의 양대 서사시로 불리는 두 개의 이야기는
각각 독립적인 이야기지만 현대 인도인의 삶에도 끊임없이
영향을 미치는 인도의 정신 그 자체라고 할 수 있다.
이 두 이야기는 인도의 영향을 받은 티베트와 동남아시아까지
전파되는데, 힌두교 문명의 유명한 산물인 캄보디아의 유적지
앙코르와트의 부조에도 《라마야나》와 《마하바라타》가 새겨져 있다.

PART 6

인도 고대 서사는
볼리우드 단골 소재

라마 왕자의 이야기, 《라마야나》

《라마야나》는 라마Rama 왕자의 이야기다. 라마는 인도에서 '람Ram'이라 불리며 비슈누의 화신(아바타)이다. 힌두교인들은 인사말로 '람 람'을 외치기도 한다. 라마를 경배한다는 뜻이다.

《라마야나》는 '라마의 여정'으로 번역되기도 하는데, 인도의 대현자이자 시인인 발마키의 작품으로 여겨진다. 라마 왕자와 그의 아내 시타Sita에 대한 이야기를 정리한 것으로 7만 2,000여 개의 운문으로 이뤄진 장대한 서사시이며, 크게 여섯 부분으로 나뉜다.

첫 번째 부분은 라마 왕자의 탄생과 성장에 관한 이야기다. 나이 들어서까지 자식이 없던 아요디야의 늙은 왕 다샤라타가

지극한 정성을 들인 끝에 3명의 왕비로부터 아들 넷을 얻는다. 라마와 락슈마나, 그리고 쌍둥이 바라따와 샤뜨루기나가 그들이다.

첫째 아들 라마는 비슈누의 환생으로, 그가 가진 다르마로 인해 동생 락슈마나와 함께 성자를 따라 수행을 떠난다. 수행 도중에 세상을 위협하는 악마를 물리친 후 다시 왕국으로 돌아오는 길에 비데아 왕국의 아름다운 공주 시타를 만나 사랑에 빠진다. 그는 시타의 부군을 뽑는 대회에 참가해 아무도 들지 못하는 시바의 활을 들고 쏘아 시타를 얻는다. 아내 시타, 동생 락슈마나와 함께 아요디야로 돌아온 라마는 성대한 환영을 받으며 왕궁에 입성한다.

두 번째 부분은 라마의 유배 이야기다. 왕국으로 돌아온 라마는 왕위를 승계받기 위해 대관식을 준비한다. 한편 선왕의 세 왕비 중 한 명인 카이케이는 마음이 음흉한 시녀의 꼬임에 넘어가 계략을 짠다. 전쟁 중 왕의 목숨을 구한 적이 있는 왕비는 왕으로부터 두 가지 소원을 들어주겠다는 약속을 받아낸 터였다. 그녀는 그 약속을 빌미로 라마를 유배시키고 자신의 쌍둥이 아들 중 하나인 바라따를 왕위에 올려달라고 말한다.

왕은 왕비의 소원을 거절하지 못하고, 라마와 시타는 14년간 숲에서 살라는 명령을 받고 왕궁을 떠난다. 충직한 동생 락슈마나가 그들과 함께한다. 왕은 세 사람을 유배시킨 후 절망에 빠져 얼마 후 숨을 거둔다. 사건 당시 왕국에 없던 쌍둥이 형제 바라따와 샤뜨루기나는 아버지의 부음을 듣고 왕국으로 돌아온다. 둘은 어머니의 계략으로 인해 라마가 왕국을 떠나게 된 것을 알고 라마를 붙잡는다. 그러나 동생들의 설득에도 라마는 숲으로 떠나겠다는 뜻을 굽히지 않는다. 이에 바라따는 어머니를 내쫓은 후 라마의 신발을 왕좌에 올려놓고 자신은 왕이 아님을 선언한다. 그리고 라마의 유배가 끝날 때까지만 왕국을 다스리기로 한다.

세 번째 부분은 시타의 납치 이야기다. 유배가 끝나는 해에 라마 일행은 숲을 나와 여행을 떠난다. 여행 도중 만난 여자 요괴(나찰)가 라마에게 반하여 그를 유혹한다. 그러나 라마는 요괴의 코와 귀를 잘라내 유혹을 물리친다. 요괴는 랑카(지금의 스리랑카)의 왕이자 악의 화신인 머리가 열 개 달린 라바나Ravana의 여동생이었는데, 그녀는 오빠에게 달려가 자신이 당한 수모에 대한 복수를 부탁한다.

하지만 라바나가 쉽게 움직이지 않자 라마의 부인인 시타의 뛰어난 미모를 언급하며 라바나를 꼬드긴다. 결국 라바나는 시타를 탐내어 하늘을 나는 마차를 타고 라마 일행을 찾아간다. 그리고 함께 간 나찰을 황금 사슴으로 변장시켜 라마와 락슈마나를 현혹한다. 그들이 사슴을 사냥하러 집을 비운 사이 성자로 위장한 라바나는 락슈마나의 주문에 의해 보호를 받고 있던 시타를 납치해 하늘을 나는 마차를 타고 랑카로 데려간다.

네 번째 부분은 라마와 원숭이 왕국의 이야기다. 라마와 락슈마나는 납치된 시타를 찾아다니다가 원숭이 왕국의 분쟁을 해결해준다. 이에 대한 보답으로 원숭이 왕국에서는 남과 북으로 원숭이들을 보내 시타를 찾는다. 남쪽으로 갔던 바람 신의 아들 하누만은 시타의 소식을 접한 후 바다를 건너는 능력을 발휘해 랑카로 향하는데, 그곳에서 라바나에게 결혼을 종용받다가 자결하려는 시타를 발견한다.

하누만은 시타에게 라마의 반지를 보여주며 라마가 찾고 있음을 알린다. 그리고 자신의 힘으로 시타를 구출하려 했으나 라마가 구해주실 바라는 시타의 뜻을 받아들여 일부러 괴비니에게 잡혀간다. 하누만은 라바나에게 라마가 오고 있음을 알린 후, 자신의 꼬리에 불을 붙여 헤집고 다니면서 랑카 전역을 불바다로 만든다. 그러곤 다시 바다를 건너 라마에게 시타의 상황을 알리고 라마와 함께 랑카로 진군한다.

이 이야기 중 재미있는 것은 하누만이 랑카로 건너갈 때 아버지인 바람 신의 도움을 받았음에도 바다가 너무 멀어서 중간에 한 번 쉬게 되는 장면이다. 하누만이 인어의 도움을 받는데, 캄보디아에서는 여기서 생긴 인어와 하누만의 로맨스를 아주 좋아한다고 한다.

다섯 번째 부분은 시타의 구출과 왕이 되는 라마의 이야기다.

라마와 원숭이 군단은 시타가 있는 랑카로 진군하기 위해 바다를 메워 길을 만든다. 이 길을 '하누만의 길(또는 라마의 다리)'이라고 하는데, 나사의 인공위성 사진 중 이 부근을 보면 해면 가까이 해저에 솟은 산맥을 확인할 수 있다. 그래서 인도 사람들은 하누만의 길이 실제로 존재한다고 믿고 있다. 랑카에 도착한 원숭이 군단과 라마 일행은 라바나의 부대와 전투를 벌인다. 전투는 격렬해서 양측 모두 큰 피해를 입는다. 여기서는 전투 중 다친 라마와 병사들을 위해 하누만이 진귀한 약초를 구하려고 히말라야까지 날아가서는 급한 마음에 산을 통째로 뽑아온다는 장면이 유명하다.

라마의 군대는 형의 행동을 부끄러워하는 라바나의 동생 비비샤나의 도움에 힘입어 18개월 동안의 긴 전투 끝에 라바나를 물리치고 시타를 구해낸다. 그런데 라마는 오랜 기간 라바나에게 잡혀 있던 시타의 순결을 의심하고, 시타는 불의 신 아그나에게 부탁해 불길 속으로 걸어 들어갔다가 살아나오는 것으로 자신의 결백을 증명한다. 라마는 시타에게 자신의 의심을 사과하고 함께 아요디야로 돌아와 유배 기간 동안 미루었던 대관식을 치르고 왕위에 오른다.

여섯 번째 부분은 후대에 추가되었다는 설이 있어서 그런지 국내의 번역본에는 등장하지 않는다. 시타와 함께 왕국으로 돌아온 라마는 끊임없이 시타의 정절을 의심하는 주변 사람들의 시선을 이기지 못하고 결국 시타를 외딴곳으로 보낸다. 이곳에서 시타는 홀로 쌍둥이를 낳아 기른다. 발미키(《라마야마》의 저자)라는 성자에게 교육을 받은 두 아들은 어느 날 성자를 따라 왕국의 중요한 의식이 치러지는 자리에 참석해 라마가 지켜보는 가운데 《라마야나》를 부른다.

이때 시타는 라마에게 쌍둥이가 그의 자식임을 밝히지만 라마는 다시금 시타의 순결을 증명하라고 요구한다. 이에 시타는 자신을 낳아준 대지의 신에게 자신이 정숙하면 땅속으로 그녀를 데려가달라고 기원한다. 이 기원을 들은 대지의 신이 땅을 갈라 입구를 열어주자 시타는 그곳으로 걸어 들어가 사라진다. 시타가 떠난 후 라마는 시신의 필젯을 깨닫고 두 아들을 기누어 왕국을 다스리다가 화신의 역할을 마친 후 승천한다.

《라마야나》에 대해서는 몇 가지 논쟁이 있는데 그중 가장 큰 두 가지는 시타의 순결에 대한 논쟁, 라바나와 랑카의 진실에 대한 논쟁이다.

《라마야나》 속 라바나는 1만 년의 고행을 통해 신이나 나찰 같은 신화적 존재에 의해서가 아니면 죽지 않는 브라흐마의 축복을 받는다. 그래서 라바나를 물리치기 위해 비슈누가 람(라마)이라는 인간의 모습으로 환생한 것이다.

한편 라바나에게는 자신을 진심으로 원하지 않는 여인과 강제로 관계할 경우 신의 축복이 깨진다는 약점이 있다. 그래서 시타를 납치하고도 시타의 마음을 얻지 못해 동침하지 못한 것으로 되어 있다.

시타의 순결 논쟁의 핵심은 시타가 과연 순결했느냐가 아니라, 람이 시타의 순결을 계속 시험받게 하는 게 올바른 것이었는가에 대한 문제다. 랑카에서 시타가 아그라의 맹세로 자신의 순결을 증명했음에도 아요디아로 돌아와서는 사람들의 수군거림에 시타를 버리고, 다시 만난 시타에게 또다시 순결 증명을 요구한 것은 현대인의 관점에서 옹졸한 남성의 모습으로 보인다. 그래서 신으로 추앙받는 람과 시타이지만 자신의 순결을 증명하기 위해 적극적인 시타의 모습에 대한 현대적이고 새로운 해석이 시도되고 있다.

라바나에 대한 해석은 더욱 첨예하다. 미디어의 발달과 함께 《라마야나》를 TV 드라마로 방영하면서 지역에 따라 여러 가지 버전으로 존재했던 《라마야나》의 내용이 점점 통일된 이야기로 만들어지고 있다. 지금 우리가 알고 있는 《라마야나》는 북인도 중심의 이야기로 《라마야나》에서 랑카로 표현된 스리랑카나 남인도 입장에서는 라바나가 악의 화신으로 등장하는 것에 불편함을 느낄 수밖에 없다.

실제로도 라바나에 대한 다양한 해석이 과거부터 존재해왔다. 대표적인 것이 라바나는 원래 시바의 가장 존경받는 신자이며 그의 머리 10개는 6개의 샤스타와 4개의《베다》에 대한 지식을 의미한다는 해석이 있다. 더불어 악의 상징으로 각각 쾌락, 분노, 애착, 욕심, 자만, 질투, 이기심, 불공정, 잔인함, 자존심을 의미한다는 해석도 있다.

이런 두 가지 상반된 해석만큼이나 랑카에 대한 해석도 다양하다. 랑카가 다양한 지식을 활용해 구축된 문명 도시였다는 해석과 단지 악의 소굴이었다는 해석이 공존하고 있다. 지적인 존재로 보는 입장에서는 뛰어난 지식을 가진 정직한 존재(《라마야나》에는 시타 납치 이전에 행한 악행이 적혀 있지 않다.)였으며, 단지 고행 중 만난 시타에게 반해서 그녀에게 구애하게 된 것으로 본다.

〈블루스를 부르는 시타Sita Sings the Blues, 2008〉

미국의 애니메이션 작가 니나 페일리가 5년간 혼자서 만든 애니메이션이다. 82분 분량으로 《라마야나》의 이야기를 주로 시타(여성)의 시점에서 아넷 핸쇼Annette Hanshaw라는 전설적인 블루스 가수의 노래로 만들었다.

이야기는 미국에 사는 현실 세계의 남녀와 《라마야나》의 라마와 시타 이야기가 중첩되어 전개된다. 샌프란시스코에 살던 미국인 연인 중 남자 주인공이 인도의 스튜디오로 직장을 옮기면서 둘은 떨어져 지내게 되는데, 외로움을 이기지 못한 여자 주인공이 그를 찾아 인도로 떠난다. 떨어져 있던 기간 만큼 남자의 애정이 전과 같지 않은 데다 일 때문에 잠시 뉴욕에 가 있는 동안 인도로 돌아오지 말아달라는 이별 통보를 받는다.

작품의 사이사이에 인도계 미국인들의 내레이션으로 《라마야나》를 토대로 한 시타와 라마의 이야기가 곁들여진다. 길지 않은 애니메이션이지만, 이 작품이 왜 각종 영화제에 초청되었는지는 인도 문화를 깊이 이해하고 있는 작가에 의해 탄생한 개성 있고 재미난 캐릭터들을 통해 가늠할 수 있다.

라마와 시타의 이야기이기 때문에 《라마야나》 중 라마의 모 림 부분은 생각지 제 티비외 시니시 이요니니에서 우빙닝하는 것부터 시작한다. 그 이후 시타가 라바나에게 납치되었다가 라마와 하누만에게 구출되어 아요디아로 돌아오고, 임신한 시타가 라마에게 쫓겨난 뒤 세월이 흘러 다시 라마를 만났을 때 대지의 신을 통해 자신의 정숙함을 증명받는 것으로 이야기는 끝을 맺는다.

〈**라아반**Raavan, **2010**〉

《라마야나》에 대한 현대적 재해석이 돋보이는 마니 라트남 감독의 작품이다. 타밀 출신 감독답게 라바나에 대한 북인도 중심의 해석을 거부하고 새로운 관점을 제시한다.

영화는 한 무리가 경찰차를 습격해 경찰을 불태워 죽인 후 배에 타고 있는 어느 여인을 납치하는 것으로 시작한다. 납치된

시네마 인도

여인은 라지니. 그녀의 남편 데브는 지역 무장 경찰의 수장이다. 라지니를 납치한 비라는 부족의 복수를 위해 14시간 동안 감금해둘 것이라고 말한다.

비라는 인도의 한 소수 부족 우두머리로 63건의 사건에 연루되어 있다. 그는 뛰어난 배우이자 전통 예술가이며 입담꾼이다. 폭력적이고 게으르며 인간의 탈을 쓴 죽음의 신으로 불리기도 한다.

그에 앞서 무장 경찰의 수장 데브는 산속의 소수 부족이 정부에 저항한다는 이유로 비라의 여동생 결혼식에 쳐들어간다. 그리고 비라를 죽이려 하지만 실패하고 신부인 여동생을 끌고 기욕보인다. 여동생은 수치심을 참지 못해 결국 자살하고, 비라는 데브에게 복수하기 위해 그의 아내를 납치했던 것인데, 결국 그녀에게 연민을 느끼게 된다.

영화는 비라(라바나)가 사실은 소수부족의 지도자이고 지적인 존재이며 약자를 대변하기 위해 싸워온 사람이라는 점을 보여주려고 한다. 〈라아반Raavan, 2010〉과 〈라아바난Raavanan, 2010〉이라는 두 개의 제목으로 제작되었는데, 동일 감독의 동일 연출에 남자 주인공만 바꾸어서 힌디어 버전과 타밀어 버전으로 만들었다. 인도에서도 흔치 않은 제작 방식이다.

위대한 바라타족의 이야기, 《마하바라타》

《마하바라타》는 '위대한 바라타족의 이야기'라는 뜻이다. 산스크리트어 원문은 무려 20만 행에 달한다고 한다. 《일리아드》와 《오딧세이》를 합친 것의 여덟 배 분량이라고 하니 얼마나 장대한 이야기인지 상상하기도 벅차다. 그래서 인도 사람들은 《마하바라타》에 있는 것은 세상에 다 있고 《마하바라타》에 없는 것은 세상에도 없다는 말을 하기도 한다.

《마하바라타》는 액자식 구성으로 이루어져 있으며, 이야기 속 등장인물이 이야기를 전하는 형태다. 이야기 속 인물이 또 다른 이야기를 읊기 때문에 내용을 간단하게 정리하기가 쉽지 않다. 그래도 정말 짧게 요약하자면 판다바 5형제가 오랜 갈등과

시네마 인도

전투 끝에 카우라바 100형제를 물리치는 내용이라고 할 수 있다. 그러나 장대한 서사시인 만큼 다양한 이야기가 녹아 있다.

그중에서 쿠루크세트라 평원에서의 마지막 전투 장면이 유명하다. 홀로 전차를 끌고 평원으로 나아간 아르주나는 자신의 눈앞에 동족인 스승과 삼촌, 친구, 친척, 사촌들이 있는 모습을 보고 번민에 빠진다. 그와 함께 전차 몰이꾼으로 참전한 크리슈나가 아르주나에게 다르마에 대해 설명한다.

이 부분을 따로 떼어 《바가바드 기타》라고 부른다. 《바가바드 기타》는 힌두교에서 가장 중요하고 대중적으로 많이 읽히는 경전이다. 힌두교를 넘어 《성경》, 《코란》, 《불경》처럼 꼭 읽어봐야 할 종교 고전으로도 추앙받고 있다. 후대에 《바가바드 기타》가 이 부분에 삽입되었다는 설도 있다. 주요 내용은 크리슈나를 향한 강렬한 사랑과 헌신을 바탕으로 한 박티 요가를 강조하는 것으로 다르마의 개념과 카르마(행동) 요가, 즈나나(지식) 요가, 박티(신애) 요가 등 신에게 이르는 여러 길을 알려준다.

《마하바라타라》에서 인기가 많은 장면은 다음과 같다.

#갈등의_시작
왕국의 왕모 사티야바티에게는 두 아들이 있었지만, 모두 자식 없이 죽은 탓에 자신의 숨겨둔 또 다른 아들을 통해 두 며느리를 수태하게 한다. 그렇게 태어난 드리타라스트라와 판두는 뛰어난 자질을 갖추고 있었다. 하지만, 형인 드리타라스트라는 장님이라 판두가 왕위를 잇는다. 판두는 쿤티와 마드리를 아내로 맞이하는데, 사냥 중 발생한 실수로 저주를 받아 자식을 낳지 못하게 되자 왕위를 형인 드리타라스트라에게 물려주고 아내들과 함께 고행을 떠난다.

고행 중 쿤티는 자신이 브라만에게 받은 축복을 이용해 3명의 아들을 낳고 마드리에게도 같은 축복을 이용해 쌍둥이 형제를 갖게 한다. 쿤티의 아들인 유디스티라, 비마, 아르주나 그리고 마드리의 쌍둥이 아들 나쿨라와 사하데바 이렇게 판두의 다섯 아들을 판두의 후예라는 뜻에서 '판다바'라고 불렀다.

한편 드리타라스트라는 시바의 축복을 받은 간다리를 아내로 맞아 두리요다나를 비롯한 100명의 아들과 1명의 딸을 낳는데, 이들을 쿠루의 후예라는 뜻의 '카우라바'라고 불렀다. 판두는 마드리에 대한 욕정을 이기지 못해 결국 저주를 받아 죽음을 맞이하고, 판다바는 왕국으로 돌아와 카우라바와 함께 지내게 된다.

두리요다나는 이때부터 왕위가 판다바에게 돌아갈 것을 걱정하며 그들을 죽이려 한다. 결국 판다바는 두리요다나의 계략으로 왕국에서 쫓겨나게 된다.

시네마 인도

#다섯_형제의_신부

왕국에서 쫓겨나 유랑하던 다섯 형제 중 아르주나는 드라우파디 공주의 스와얌바라(신랑을 뽑는 대회)에 브라만으로 참여해 드라우파디를 얻게 된다. 이 사실을 어머니인 쿤티에게 달려가 알리려고 한다.

아들이 공양을 받아온 것으로 착각한 쿤티는 "무엇을 받아왔든 똑같이 나눠 갖거라" 하고 말하는데 그것이 신부인 드라우파디인 걸 알고 당황한다. 어머니의 맹세를 바꿀 수 없어 결국 다섯 형제는 모두 드라우파디의 남편이 되기로 한다. 그리고 다섯 형제 모두 드라우파디를 깊이 사랑해 모든 형제의 아이를 잉태하게 된다.

이후 맏형 유디스티라를 제외한 쿤티의 나머지 두 아들은 모험에서 만난 다른 여성들과 관계를 맺고 자식을 더 낳는다. 특히 아르주나는 《마하바라타》에서 가장 용맹하고 정의로운 존재로 어디서든 환영을 받아 드라우파디를 포함해 4명의 아내를 둔다.

오랜 유랑을 끝내고 드라우파디와 함께 다시 왕국으로 돌아온 판다바는 자신들의 권리를 드리타라스트라에게 요청하고, 그 요청을 거절할 명분이 없던 드리타라스트라는 왕국에서 가장 오지인 영토를 판다바에게 내어준다.

#주사위_노름

깊은 정글 속 오지이지만 판다바의 유능함덕분에 영지는 곧 부유하고 윤택한 곳으로 바뀌고, 날뛰던 야만인과 범죄자가 사라지자 백성들이 몰려든다. 이렇게 번영을 일궈낸 판다바는 마침내 새로운 왕국이 탄생했음을 선포한다.

이러한 사실에 배가 아픈 두리요다나는 절대 지는 법이 없는 뛰어난 도박사를 앞세워 판다바를 주사위 놀이로 유혹해 왕국을 강탈할 계획을 세운다. 유디스티라는 이것이 음모라고 생각하면서도 위신 때문에 거절하지 못한 채 주사위 도박에 빠져들고 결국 재산과 왕국을 모두 잃는다.

남은 형제들마저 도박으로 잃게 되며, 마지막으로 자신은 물론 아내인 드라우파디마저 잃어 결국 카우라바의 종으로 전락한다. 이어 카우라바의 둘째 두샤샤나가 드라우파디를 욕보이려 하자 드라우파디는 크리슈나에게 구원을 청하고, 간신히 두샤샤나의 손길은 피하나 씻을 수 없는 치욕을 겪는다.

결국 판다바와 아내들은 12년 동안 카우라바에게 들키지 않고 자신의 이름을 사용하지 않은 채 숨어 사는 조건으로 왕국에서 추방된다.

#추방_생활

판다바의 귀환을 두려워한 두리요다나는 온 세상에 첩자를 풀어 그들을 추격한다. 판다바는 숨어 살며 귀환의 때를 기다리고, 그 와중에 아르주나는 드라우파디를 지키지 못한 자책감에 형제들과 헤어져 자신만의 수행을 쌓는 여행을 떠난다.

오랜 추방 기간 동안 판다바는 많은 모험을 하게 되고, 다시 다섯 형제가 모여 추방당할 때 숨겨두었던 무기를 꺼낼 날을 맞이한다. 여기서 판다바가 무기를 꺼내 전투에 나서는 것을 기념하는 두세라 축제가 시작되었다는 설이 있다.

#전쟁

인도 전역은 판다바와 카우라바로 갈라져 전쟁을 준비한다. 판다바의 배다른 형제인 쿤티의 또 다른 아들 카르나가 두리요다나에 대한 의리로 카우라바 편에, 판다바의 무술 스승과 왕국의 원로뿐만 아니라 주변의 수많은 왕도 카우라바의 편이 된다. 다만, 판다바의 다르마를 이해하고 있는 크리슈나와 어머니 쿤티의 왕국만이 판다바를 돕는다.

최후의 결전은 쿠루크세트라 평원에서 펼쳐진다. 온갖 신의 무기 및 권능과 함께 판다바 측은 아르주나를 중심으로, 카우라바 측은 카르나를 중심으로 전쟁을 치른다. 두 사람의 무용이 격돌하는 가운데 결국 크리슈나의 도움을 받은 판다바의 승리로 막을 내린다. 이후 왕국을 오랫동안 평화롭게 다스린 판다바는 다르마를 충실히 실천한 복으로 윤회를 끊고 천상으로 올라간다.

《마하바라타》에는 정말 많은 이야기가 있기 때문에 일일이 열거하기조차 쉽지 않지만, 가장 자주 인용되는 장면 중에는 아르주나에 관한 일화가 많다.

예를 들어, 활쏘기 수업 중에 스승인 드로나가 제자들에게 무엇이 보이는지 묻는 대목이 있다. 대부분의 제자가 새나 나뭇가지가 보인다고 대답하는데 아르주나만이 눈만 보인다고 대답해 활 쏘는 것을 허락받는 장면이다. 그만큼 집중이 중요하다는 걸 강조하는 말인데, 때때로 로맨틱한 영화에서 "나는 아르준처럼 너의 눈만 보여" 같은 닭살 멘트로 인용되기도 한다.

판다바 다섯 형제가 펼치는 무용담은 마치 중국의 《삼국지》를 읽는 것 같다. 다양한 인간 군상이 복잡한 관계를 형성하며 이야기를 펼쳐나간다. 판다바 형제들은 각각 개성이 강한 매력적인 영웅이다. 지혜와 덕을 갖추고 있으나 우유부단한 성격의 유디스티라, 힘이 장사인 데다 우직하고 무술에 뛰어나지만 천민을 무시하고 온갖 말썽을 부리는 비마, 그리고 왕권을 이어받지는 못하지만 가장 용맹하고 도전과 모험을 즐기는 아르주나는 마치 《삼국지》의 유비, 장비, 관우 같다. 인도 사람들에게 아르주나(아르준)는 특히 인기가 많아서 영화 속 등장인물 중 '아르준'이라는 이름을 가진 주인공을 흔히 볼 수 있다.

〈**라즈니티**Raajneeti, 2010〉

'라즈니티'는 힌디어로 '정치'라는 뜻이다. 이 영화는 인도의 대서사시 《마하바라타》와 인도 현대 정치사 중 특히 네루 간디 집안의 일대기를 적당히 혼합해서 만들어낸 정치 스릴러다. 인도의 어느 한 주를 배경으로 수권 정당 내에서 벌어지는 권력 암투와 총리 일가의 흥망을 다룬다.

영화는 아버지와 정치적 반대편에 선 좌파 지도자와 사랑에 빠진 한 여자가 결혼하지 않은 채 몰래 아이를 출산하는 것으로 시작한다. 이 아이는 후에 어느 정치인 집안의 운전사 아들로 자라지만 타고난 성품 덕분에 천민 출신의 영향력 있는 정치인으로 성장해 아버지가 일하던 정치인 집안의 음모에 뛰어든다.

현대 인도 정치의 단면을 함축적으로 적나라하게 보여주는 이 영화에서 남편 뒤를 이어 정계에 뛰어드는 며느리 역을 카트리나 케이프가 연기했는데, 외국인이면서도 오늘날 인도 정치의 중심에 있는 소냐 간디의 어투를 잘 흉내 낸 것으로 유명하다.

인도판 '이수일과 심순애', 《데브다스》

　사라트 찬드라 차토파디아야가 지은 《데브다스》는 1917년 벵골어로 최초 출판되었다. 인도의 대표 근대소설 중 하나로 우리나라로 치자면 '이수일과 심순애'급의 소설이라고 해야 할 것 같다. 《데브다스》는 단순하면서도 애절한 크리슈나와 라다 같은 고전적 사랑 이야기를 담고 있어 여러 차례 영화화되었다.

　특히 산제이 릴라 반살리 감독이 연출하고 샤룩 칸, 아이쉬와라 라이, 마두리 딕시가 출연한 동명의 개봉작 〈데브다스Devdas, 2002〉는 찬드라무키의 역할을 강조한 데다 감독의 장기인 색채의 화려함을 극대화해 많은 인기를 얻었다. 칸 영화제를 통해 아이쉬와라 라이를 서구 유럽에 알린 작품이기도 하다.

시네마 인도

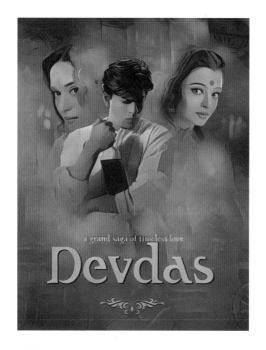

〈데브다스Devdas, 2002〉

　어린 시절 함께 자란 데브다스와 파로(파르바티)는 크리슈나
와 라다처럼 서로의 고통을 함께 느끼는 사이인데, 어느 날 데
브다스가 부모님의 성화에 의해 영국으로 유학을 가게 된다. 이
후 유학을 마치고 돌아온 데브다스는 파로를 다시 만나 연인 관
계가 된다. 그러나 데브다스의 우유부단함과 서로의 신분 차이

를 극복하지 못해 결국 파로는 돈 많은 이혼남의 재취 자리로 들어간다. 사랑하는 사람을 떠나보낸 데브다스는 슬픔을 이기지 못해 술과 찬드라무키라는 창녀에게 빠져 폐인이 되고, 결국에는 파로의 집 앞에서 쓸쓸하게 부랑자의 모습으로 죽어간다.

　영화는 길지 않은 소설 속 이야기에서 데브다스와 파로의 감정을 더 극적으로 드러내기 위해 원작에 없던 파로의 의붓 큰아들을 악역으로 만든다. 그리고 찬드라무키의 비중과 역할을 확대해 그녀로 하여금 데브다스가 사랑하는 파로의 모습을 확인하게 한다. 그 외의 나머지 기본 전개는 소설과 크게 다르지 않다.

　극단적 영상미를 추구하는 감독의 연출답게 '돌라레 돌라'라는 제목의 노래가 나오는 마살라 신에서 마두리 딕시와 아이쉬와라 라이의 춤 대결은 아직까지도 명장면으로 꼽히며, 이 영화를 통해 아이쉬와라 라이는 여신으로 불릴 정도의 인기를 얻었다. 또 원작 소설에 없는 데브다스가 찾아온 것을 깨달은 파로가 대문을 향해 달려가는 장면은 통속 영화의 전형을 따르고 있으면서도 긴장감과 애틋함을 잘 표현한 것으로 꼽힌다.

시네마 인도

오랫동안 인연을 맺어온 분의 결혼식에서 지인들을 만났다. 국제결혼이었기 때문에 마살라 요리가 등장했고, 그 덕에 잠시 인도 영화에 대한 이야기를 나눌 기회가 있었다. 인도 영화를 소개하는 책이 있었으면 좋겠다는 이야기가 나왔는데, 문득 돌아보니 어느새 내가 그 글을 쓰고 있었다.

사실 나보다 인도 영화를 더 많이 보고, 인도에 관한 전문 지식을 가진 분도 많을 것이다. 그래서 이 책을 쓸 수 있을지 우선 걱정부터 됐다. 하지만 용기를 주며 끈기 있게 기다려준 이은북 황윤정 대표와 다시 인도 영화를 접하며 활동을 시작한 맛살리 안의 많은 인연들 덕분에 이 책을 완성할 수 있었다.

글을 쓰면서 스스로 부족한 글솜씨에 많이 좌절하면서도 새로운 아이디어가 떠올라 끊임없이 원고를 고쳤다. 가능한 한 더 재미난 이야기를 담고 싶었다. 겁을 내면서도 도전했던 만큼, 인도 영화를 좋아하지만 인도에는 한 번도 가보지 않은 내가 글로 배우고 영화로 이해한 인도를 제대로 설명하고 싶었다.

원고를 집필하던 중 2023년 3월 12일 할리우드의 아카데미 시상식에서 인도 영화 〈RRR: 라이즈 로어 리볼트RRR, 2022〉의 '나투나투Naatu Naatu'가 주제가상을 받았다는 소식을 들었다.

주인도 한국대사관 대사와 직원들이 합심해 커버한 영상으로 국내 언론에 소개되었고, 인도에서도 많은 호응을 얻었던 바로 그 노래가 아카데미에서 상을 받았다는 사실이 놀라웠다. 아카데미의 문을 여러 번 두드렸지만, 매번 실패했던 인도 영화계로선 정말 기쁜 소식이었을 것이나.

볼리우드로 대표되는 힌디어권 영화를 중심으로 소개하다 보니 미처 다루지 못한 내용도 많다. 또한 최신 트렌드에 맞는 영화뿐만 아니라 예전에 개봉한 영화도 제법 많이 다루었다. 책을 쓴 의도가 단순히 최신 인도 영화를 소개하는 게 아니라 인도 영화를 통해 인도인들의 생각과 삶의 방식에 관해 이야기하고 싶었기 때문이다.

오랫동안 인도 영화 구입 창구 역할을 해온 인터넷 DVD 판매 사이트 '인두나'도 문을 닫았고, 국내에서 활동하던 인도 영화 커뮤니티도 점점 활동이 적어지고 있다. 아마 넷플릭스, 아마존 온라인, 애플TV 같은 편리한 OTT 서비스 덕분에 인도 영화를 보기 위한 노력이 예전만큼 강하게 필요하지 않기 때문이라고 생각한다.

나는 2001년에 〈춤추는 무뚜Muthu, 1995〉라는 타밀어권 영화를 통해 처음 인도 영화를 접하고 관심을 갖게 되었는데, 당시 한국에서는 볼리우드라고 불리는 힌디어권 영화 외에 인도 영화를 만나는 게 정말 하늘의 별 따기만큼 어려웠다.

최근에는 인터넷을 통해 델루구어나 타밀어권 영화도 많이 접할 수 있고 다양한 장르의 인도 영화를 쉽게 볼 수 있어 격세지감을 느낄 정도다.

문득 인도 영화의 설명하기 어려운 매력에 빠져 커뮤니티에 가입하고, 회원들과 함께 상영회를 즐기던 시절이 떠오른다. 영화 속 마살라 장면들을 따라 춤을 추고, 각종 영화제에서 헤나와 사모사(인도식 만두)를 만들어 나눠주며 인도 영화를 홍보하던 추억이 생생하다.

수백 편의 인도 영화를 보면서 저절로 인도도 좋아졌다. 그래서 수많은 인도 관련 책과 논문을 읽었다. 인도를 더 자세히 알고 싶었던 이유는 영화 속에서 보이는 그들의 삶이 낯설지만 정겹고 매력적으로 느껴졌기 때문이다.

낯섦. 그렇다. 예전에 공중파 방송에서 웹툰 작가와 유튜버가 인도 여행을 하는 예능 프로그램이 큰 인기를 얻었지만, 아직 우리에게 인도라는 나라와 그 문화는 많이 낯설다. 그러나 중요한 점은 그 낯섦 안에 알 수 없는 정겨움이 함께 존재한다는 것이다.

이 책을 읽는 사람들이 인도 영화에 흥미를 느끼고, 나처럼 인도의 낯선 정겨움에 푹 빠져보길 바란다.

시네마 인도

초판 1쇄 인쇄 2024년 7월 1일
초판 1쇄 발행 2024년 7월 15일

지은이 최종천
펴낸이 황윤정
펴낸곳 이은북
출판등록 2015년 12월 14일 제2015-000363호
주소 서울 마포구 동교로12안길 16, 삼성빌딩2 4층
전화 02-338-1201 / 팩스 02-338-1401
이메일 book@eeuncontents.com
홈페이지 www.eeuncontents.com
인스타그램 @eeunbook

책임편집 하준현
디자인 괜찮은 월요일
제작영업 황세정
마케팅 이은콘텐츠
인쇄 스크린그래픽

ⓒ 최종천, 2024
ISBN 979-11-91053-32-6 (03680)